Escreva e Emagreça

FONTANAR

JULIA CAMERON

Escreva e Emagreça

Tradução
Sonia Pinheiro

FONTANAR

Todos os direitos desta edição reservados à
EDITORA OBJETIVA LTDA. Rua Cosme Velho, 103
Rio de Janeiro — RJ — CEP: 22241-090
Tel.: (21) 2199-7824 — Fax: (21) 2199-7825
www.objetiva.com.br

Título original
The Writing Diet

Capa
Glenda Rubinstein

Imagem de capa
Glenda Rubinstein

Revisão
Catharina Epprecht
Raquel Corrêa
Marcelo Magalhães

Editoração eletrônica
Abreu's System Ltda.

CIP-BRASIL. CATALOGAÇÃO-NA-FONTE
SINDICATO NACIONAL DOS EDITORES DE LIVROS, RJ

C189e Cameron, Julia

Escreva e emagreça / Julia Cameron ; tradução Sonia Pinheiro. - Rio de Janeiro : Objetiva, 2008.

239p. ISBN 978-85-7302-910-9

Tradução de: *The writing diet*

1. Dieta. 2. Criatividade. I. Título.

08-3062. CDD: 613
CDU: 613

Dedico este livro à minha querida mãe,

que sofreu não só com o excesso de peso

mas por isso também foi vítima de profundas depressões.

Esses obstáculos prejudicaram sua capacidade

de viver uma vida feliz e criativa.

Eu a amava profundamente e sinto muito a sua falta.

Observação da autora

Atenção: os nomes das pessoas mencionadas em *Escreva e Emagreça* foram alterados para preservar sua privacidade. Em alguns casos, os personagens incluem características pertencentes a pessoas diferentes. Todas essas alterações têm por finalidade condensar os conceitos que observei inúmeras vezes. Espero que este livro ajude o leitor a viver uma vida saudável e mais criativa.

Sumário

Parte Dois

SITUAÇÕES E SOLUÇÕES

Prólogo

ESCREVA E EMAGREÇA

Sou uma especialista em criatividade, e não em dietas. Então, por que estou escrevendo um livro sobre perder peso? Porque por acaso descobri um segredo sobre a perda de peso que funciona de verdade. Há 25 anos dou aulas sobre como desbloquear a criatividade, um processo com 12 semanas de duração baseado em meu livro *A Via do Artista* (*The Artist's Way*). Do meu lugar à frente da sala de aula, vejo vidas se transformarem — e, para meu espanto, corpos se transformarem também. Levei algum tempo para perceber o que estava acontecendo, mas, com certeza, alunos que começaram o curso com alguns quilinhos a mais chegavam ao final visivelmente mais magros e bem-dispostos. O que está acontecendo aqui? Perguntei a mim mesma. Tratava-se apenas de imaginação ou havia mesmo um "antes" e um "depois"? Havia, sim!

Aos meus olhos experientes, a perda de peso é freqüentemente uma conseqüência da recuperação da criatividade. Comer em excesso bloqueia a criatividade. O contrário também é verdade: podemos usar a criatividade para bloquear a gula excessiva. E isto é o que faremos neste livro: usaremos instrumentos criativos para combater o excesso de peso e alterar nosso peso através da alteração da nossa consciência. Acreditem ou não, escrever é uma ferramenta para perder peso — uma ferramenta desprezada, subutilizada e extremamente poderosa.

Não que eu não tenha experimentado as dietas tradicionais. Pelo contrário — sou quase especialista. Durante anos tentei a dieta do dr. Atkins, mas meu colesterol ia às alturas; South Beach, mas recupero o peso perdido assim que saio da fase um; a dieta dos Comedores Compulsivos Anônimos me deixa louca com as privações impostas, e loucura é algo que quero evitar tanto quanto a gordura. Recorri aos Vigilantes do Peso, mas essa história de contar pontos também me parece uma forma de loucura. O que sei contar são palavras. Escrevi mais de vinte livros e aprendi que cada palavra tem seu peso, assim como cada caloria. De repente — literalmente — passei a alimentar o pensamento. Como seria consumir palavras, em vez de calorias? Que tal escrever de modo a chegar ao tamanho certo? Assim que a idéia brotou em minha cabeça, tive certeza de que havia descoberto algo.

Todos nós sabemos que comemos em excesso porque alguma coisa está nos roendo por dentro. Que tal nos perguntarmos que coisa é essa, exatamente na hora em que nos der vontade de comer? Que tal se, à beira de um desejo por guloseimas, eu me perguntasse: "O que está me roendo tanto por dentro que senti essa vontade súbita de comer?" E se eu parasse para anotar meus sentimentos por escrito? Por que não dar à minha mente algo para pensar, em vez de dar comida para meu corpo? Já que é possível usar a comida para bloquear os sentimentos, por que não seria possível usar as palavras para bloquear a gula? Calorias não passam, no final das contas, de unidades de energia, e assim são as palavras também.

Essa idéia me entusiasmou. Minha longa experiência como escritora ensinou-me que a escrita é um meio de metabolizar a vida. Se consigo escrever sobre algo, posso lidar com esse algo — e muitas vezes com charme. Poderia a escrita se tornar um meio para metabolizar os vaivéns do meu próprio metabolismo? Acho que sim. Nunca fui magra, mas também nunca fui gorda — até que tive necessidade de tomar um medicamento que lista o ganho de peso entre seus possíveis efeitos colaterais. Remédios são uma necessidade. O ganho de peso, aos olhos do meu médico, era um preço pequeno a ser pago pela minha estabilidade mental. Certamente, pensei, deve haver uma saída. Seria a escrita essa saída?

Durante os 25 anos em que ensinei desbloqueio criativo, uma das ferramentas que sempre aconselho é escrever diariamente, pela manhã. Quantas vezes vi meus alunos usarem suas Páginas Matinais para se livrarem não só da inibição criativa, mas assim também dos quilos a mais! Embora a finalidade do curso *A Via do Artista* seja atingir um renascimento criativo, vi que era possível atingir ao mesmo tempo um renascimento corporal. Muitas vezes recebo alunos corpulentos e deprimidos. Eu lhes digo que escrevam. Uma dieta contínua de auto-reflexão em pouco tempo controla sua gula. Quilos começam a desaparecer. À medida que as Páginas Matinais metabolizam suas vidas, eles deixam de comer em excesso para bloquear seus pensamentos desagradáveis. Sua criatividade aumenta enquanto seu peso diminui. Vista do meu lugar à frente da sala de aula, a transformação chega a ser espantosa.

Ao iniciar seu processo de desbloqueio criativo, Laura, uma professora de jardim-de-infância, era, para ser bem franca, gorda.

Alta e loura, carregava 18 quilos de excesso de peso. Costumava vestir-se de preto para parecer mais magra, mas essa ilusão de ser magra não convencia ninguém. Laura pertencia àquele tipo de mulher de quem se costuma dizer: "É uma pena que ela seja tão gorda. Tem um rosto tão bonito..."

Laura cresceu em um lar violento e desde cedo aprendeu a bloquear seus sentimentos por meio da comida. Escrevendo suas Páginas Matinais, começou a enfrentar seus sentimentos turbulentos. Com isso, sua necessidade de bloquear as emoções foi desaparecendo. Os quilos foram sumindo também, e Laura emergiu de um curso de 12 semanas como uma mulher muito mais esbelta. Ela atribui à escrita sua perda de peso. "Havia tantas coisinhas que me incomodavam", lembra-se ela. "Minhas Páginas Matinais eram sessões de queixumes, nas quais eu reconhecia meus ressentimentos e lidava com eles." Depois que descobriu o que a incomodava, já não sentia necessidade de comer tanto.

Escrever nos torna conscientes. Uma vez conscientes, fica difícil agir de maneira inconsciente. Depois que percebemos que comer em excesso é um artifício que nos bloqueia, fica mais fácil recorrer às palavras do que recorrer à comida. E é isso que este livro tem para ensinar. Diante da perspectiva de um ataque às guloseimas, você pode correr para suas páginas em vez de correr até a geladeira. E, em conseqüência, sua criatividade responderá com um fluxo maior de percepções e idéias.

"Estava na ponta da língua", dizemos muitas vezes quando uma idéia nos foge. O que nem sempre percebemos é que as idéias vivem na ponta da nossa língua — e que as afogamos com um excesso de comida. Michael, um escritor, conta que, quando consome doces e carboidratos no lanche, sua fonte de criatividade para escrever seca, mas que, quando ingere um lanche saudável, como um pedaço de fruta, seu fluxo criativo dispara. Mary Alice, também escritora, declara que quando registra por escrito seus sentimentos é premiada com um fluxo de criatividade mais abundante. "É como se ao dar nome a certas coisas eu encontrasse nomes para muitas outras."

Nossas emoções se tornam conhecidas. Uma vez conhecidas, deixam de ser os sabotadores que nos levam a comer demais. Somos todos criativos e podemos, todos nós, ser mais criativos do que já somos. Ao abandonarmos nossos mecanismos de bloqueio, entramos no gozo de nossos poderes. Neste livro, focalizamos especificamente o bloqueio criativo constituído pela comida — e o ato de escrever como meio de controlar o peso.

O QUE ESPERAR DESTE LIVRO

Embora muitos dos meus alunos digam que descobriram uma vida nova e cheia de emoções depois de seguir minhas dicas sobre a criatividade, não posso prometer uma nova carreira se você seguir a dieta do Escreva e Emagreça. O que posso prometer é um aumento em sua clareza, energia e produtividade. À medida que for escrevendo, você perderá peso e ganhará em criatividade. Ao desbloquear seus sentimentos, terá acesso à energia neles contida. À medida que se familiarizar consigo mesmo, com a origem de seu trabalho criativo, você se tornará, literalmente, mais original. À medida que emagrecer, seus pensamentos se tornarão mais claros. Ao perder peso, deixará de esperar pela varinha mágica que vai transformar sua vida. Em vez disso, compreenderá que a varinha mágica é, na verdade, sua caneta, e que, com a caneta na mão, você será capaz de transformar sua própria vida.

Diferentemente de outros livros de dieta que se proclamam donos da verdade, a dieta do Escreva e Emagreça funciona bem aliada a qualquer dieta sensata. Escrever é a chave. Você pode escrever e seguir a dieta Atkins. Escrever e seguir a South Beach. Você pode escrever enquanto freqüenta os Vigilantes do Peso ou os Comedores Compulsivos Anônimos. Na verdade, as ferramentas do Escreva e Emagreça contribuirão para aumentar suas chances de sucesso em qualquer dieta de sua escolha.

Se você se sente atraído por este livro, isso significa que provavelmente você se considera criativo, mas também vítima de uma criatividade inibida. Você se sente literalmente faminto por uma vida mais satisfatória. Trabalhar com a ajuda das ferramentas do Escreva e Emagreça pode lhe proporcionar essa vida que almeja. Seu desejo por doces será saciado pela doce satisfação de levar uma vida mais rica e produtiva.

Para simplificar, este livro se divide em duas partes. A Parte I vai lhe apresentar sete ferramentas simples. Elas são o alicerce da sua gula, que a partir de agora está em recuperação. A Parte II se compõe de artigos curtos que descrevem as inúmeras situações e circunstâncias que você pode vir a encontrar. Cada artigo vem acompanhado de mais uma ferramenta que permitirá o aprofundamento de sua consciência e de sua criatividade.

Parte Um

AS FERRAMENTAS

Primeira Ferramenta: As Páginas Matinais

A primeira ferramenta do Escreva e Emagreça é algo que já ensinei muitas vezes. Trata-se de um exercício básico para desbloquear a criatividade. Também é uma ferramenta essencial para a perda de peso bem-sucedida e sustentável a longo prazo. Você precisará escrever três páginas todo dia de manhã, um exercício que chamo de Páginas Matinais. Elas devem conter exclusivamente fluxos de consciência, nada de arte apurada aqui. Simplesmente movimente sua mão ao longo da página e escreva qualquer pensamento que lhe venha à mente. Podem até mesmo ser "não-pensamentos". Não espere ou exija de si mesmo um estilo literário. Qualquer tipo de estilo servirá. Portanto, aflija-se, bufe, preocupe-se, zangue-se — ou comemore. Não existe uma maneira certa de escrever as Páginas Matinais.

Suas páginas podem parecer rabugentas e lamentosas. "Estou acordado, mas gostaria de dormir duas horas a mais. Odeio meu emprego. Odeio meu chefe. Odeio o tipo de vida que inventei para mim mesmo ultimamente." Não importa que suas páginas pareçam ansiosas e desordenadas. Você pode se mostrar triste ou zangado. Tudo bem. Tudo bem. Sua missão consiste apenas em colocar no papel tudo que está sentindo.

O que você faz com suas páginas é o que costumamos chamar de "atualizando o fluxo". Você está buscando retomar contato consigo mesmo, descrever exatamente o que está sentindo e pensando. É muito interessante essa expressão "atualizando o fluxo". Porque é isso exatamente o que estamos fazendo — canalizando o fluxo de energia em nossas vidas, a corrente do que e de quem somos. Quando me ligo a esse fluxo, sinto-me mais vivo. Sei quem sou, o que desejo ter a mais e o que desejo ter de menos. Ao escrever as Páginas Matinais, abro caminho ao fluxo de energia que corre como um rio subterrâneo pela minha vida.

Um dos primeiros frutos das Páginas Matinais é um reviver da criatividade sob formas diversas. Pintam-se apartamentos. As cortinas são penduradas. Correspondência atrasada é colocada em dia. Formas de arte que havíamos perdido e das quais nos havíamos esquecido tornam a fluir em nós com maior urgência. "Não me deixe para depois", imploram esses zéfiros. Ao ouvir seu chamado, começamos a florescer.

As Páginas Matinais fazem com que nosso dia ganhe energia. Também ajudam a organizá-lo, de acordo com as prioridades. Ao escrever as Páginas Matinais, começamos a ver que cada dia se compõe de inúmeros "pontos de escolha", e que podemos escolher livremente o modo como desejamos viver. Esse exercício nos conscientiza sobre quais atividades representam para nós becos sem saída, e quais delas nos dão a sensação de saúde e bem-estar. Como aquele amigo que sempre nos diz somente a verdade, as Páginas Matinais nos mostram onde se faz necessário mudar.

"Eu realmente preciso me exercitar mais", dizemos um certo dia. E no dia seguinte. E no terceiro. No quarto dia, de repente nos damos conta de que podemos fazer uma caminhada de vinte minutos na hora do almoço. Fazemos a caminhada, e as páginas do dia seguinte relatam esse pequeno triunfo.

As Páginas Matinais nos põem em contato com nossas emoções, que muitas vezes foram abafadas, enterradas sob o peso das obrigações diárias, dias ocupados pelo trabalho, relacionamentos, e, é claro, a comida. Com muita freqüência, ao entrar em contato com nossos sentimentos, recuamos como se tivéssemos tocado um ferro em brasa. Percebemos em algum momento que estávamos com raiva, mas achamos que a raiva era tabu. Estávamos tristes, mas recorremos a algum programa bobo de TV para não pensar nisso. Até chegamos ao ponto de recorrer à comida para expressar alegria. Qualquer emoção intensa pode desencadear um ataque a guloseimas.

Ao escrevê-las, nossas vidas alienadas são deixadas para trás. Um dia de cada vez, uma página de cada vez, e nos tornamos pessoas atentas, altamente perceptivas aos nossos sentimentos pessoais. Poderíamos escrever: "Estou com raiva da minha irmã. Conversar com ela é uma chatice. Ela me pega no telefone e embarca em um monólogo. Há anos não temos uma conversa de verdade!" Muitas vezes, ao perceber como nos sentimos, realizamos mudanças espontaneamente. Podemos dizer à nossa irmã carente: "Espere um pouco, tem uma coisa que eu quero dizer a você" — e dizemos-lhe que não somos um muro de lamentações e que ela também precisa aprender a ouvir. E, para surpresa nossa, ela nos ouve. Pela primeira vez depois de tanto tempo, a conversa passa a ser uma rua de mão dupla.

Nessas páginas examinamos todos os nossos relacionamentos, entre os quais nossa relação com a comida não é dos menos importantes. "As porcarias que consumo me dão ressaca", poderíamos escrever. No dia seguinte, diante da oportunidade de cair na farra, recusamos o convite. "O que aconteceu com você?", perguntam os amigos quando pedimos uma salada *niçoise* no lugar do habitual empadão de frango.

"Meus gostos mudaram", podemos responder jocosamente, mas outras coisas além do gosto estão mudando. Jeannie começava o dia com uma Coca-Cola, seguida de cereais açucarados. "Era como se uma criança de 5 anos estivesse me alimentando", ela diz rindo. Suas Páginas Matinais mostraram-lhe que ela vivia à base de carboidratos e açúcar e que talvez estivesse na hora de introduzir frutas e verduras. Certo dia, Jeannie surpreendeu-se ao se deparar comprando uma caixa de morangos frescos. "Sempre adorei morangos frescos, mas jamais me permitia comê-los. Simplesmente não me achava merecedora. Depois de um mês escrevendo as páginas, o hábito de muitos anos mudou. Eu já não agüentava mais o modo como tratava a mim mesma. Depois que percebi, soube que teria que parar. E parei."

As últimas notícias que tive de Jeannie foram de que os morangos eram parte constante de sua dieta. Havia trocado a Coca-Cola matinal por chá e havia até começado a preparar as próprias saladas para o almoço. Já vestia roupas três tamanhos menores e havia perdido o velho inchaço que antes enfeava seus belos traços. Na foto que me enviou, ao lado do novo namorado, parecia 15 anos mais jovem do que ao iniciar suas páginas.

As Páginas Matinais varrem a casa da nossa consciência. Investigam cada canto escondido dos nossos pensamentos. São como um goleiro que agarra muitas pequenas idéias que, por sua vez, conduzem a idéias inovadoras. "Eu gostaria que este lugar fosse pintado de vermelho", pensamos certo dia ao olhar o hall de entrada do nosso apartamento. Uma semana depois, o cômodo se tornou vermelho e nós realmente o apreciamos mais assim. Mas começamos a pensar que a sala de visitas bem que poderia ser redecorada. Parece tão sem graça em comparação...

Um dia de cada vez, uma sala de cada vez, renovamos nosso ambiente. Agora nosso apartamento mostra que ali mora alguém que possui auto-estima. E que alguém dotado de auto-estima está se esforçando para nascer.

Podemos escrever: "Este relacionamento está me sufocando." Encurralados por nossas páginas, enfrentamos a difícil verdade de que nosso casamento é árido e de que estamos ressecados e exauridos por tentar sozinhos fazê-lo dar certo. "Mereço alguma reciprocidade", rabiscamos cedinho certa manhã. Mais tarde, no decorrer do dia, dizemos o mesmo ao nosso par. Assumindo uma posição definida, começamos a andar mais erguidos. Percebemos o que significa "auto" na palavra "auto-estima".

É preciso coragem para assumir a tarefa de escrever as Páginas Matinais, mas as próprias páginas nos dão coragem. Na privacidade desse diário, admitimos os segredos que vínhamos ocultando. Uma vez trazidos à luz, esses segredos perdem a faculdade de nos tiranizar. Nossa caneta é o bisturi com o qual lancetamos a infecção psíquica que estava em nós. "Odeio este emprego", escrevemos. "Ele me dá prestígio, mas o estresse não vale a recompensa."

Uma vez localizada a área problemática, as páginas se apressam em oferecer soluções. Não estamos presos em uma armadilha, lembram-nos as páginas. Sempre temos escolha. Essas escolhas muitas vezes são difíceis. Podemos odiar nosso emprego, mas amar nosso salário. As páginas nos encorajam a fazer uma avaliação detalhada da situação. Talvez, por enquanto, o emprego valha os seus senões. Podemos escolher entre pedir demissão ou permanecer. As páginas nos auxiliam a classificar nossas opções.

Ao escrever as páginas, muitos de nós descobrimos que entramos em contato com uma fonte de sabedoria maior do que nós. Afloram à consciência respostas que parecem muito mais sábias do que nosso próprio pensamento. É por isso que passei a encarar as Páginas Matinais como uma forma eficiente de meditação — especialmente para os hiperativos ocidentais. Muitos de nós temos dificuldade nessa área. É extremamente difícil para nós ficar calmamente sentados e não fazer nada por vinte minutos. As páginas, entretanto, nos permitem sentar calmamente e fazer alguma coisa. Essa "alguma coisa", isto é, o movimento das mãos ao longo da página, é na verdade um meio de chegar ao que os adeptos da meditação costumam chamar de "pensamentos de nuvem". À medida que pensamentos passam por nossa consciência, nós os anotamos na página. Por mais estranho que pareça, o próprio ato de registrar nossas preocupações ajuda-nos a colocar essas preocupações em sua real perspectiva. Minimizamos nossos medos irracionais. Realçamos nossas verdadeiras preocupações. As Páginas Matinais constituem um processo de seleção. Primeiro nas páginas e depois em nossas vidas, começamos a colocar as coisas em seu devido lugar.

Tendo as páginas como aliadas, começamos e enfrentar situações difíceis. Alguns enfrentam corajosamente um problema com a bebida, do qual já suspeitavam há muito. Outros admitem o uso da televisão como se fosse um potente narcótico. Muitos de nós concluem que a comida é o meio preferencial de bloqueio.

"Eu era do tipo que come muito à noite", diz Anthony. "Ainda não havia me dado conta disso, até começar a registrar em minhas Páginas Matinais algo que se parecia com uma ressaca. Não era bebida. Pelo contrário, orgulhava-me de estar sóbrio havia muitos anos, mas era óbvio que aquilo que sentia pela manhã era ressaca. A substância da qual eu abusava era a comida."

Autoconhecimento é muitas vezes o primeiro passo em direção a uma mudança, e quando Anthony admitiu seu consumo abusivo de comida esse foi o primeiro passo para descontinuar o hábito. "Não aconteceu da noite para o dia", diz ele. "Mas comecei a anotar 'ressaca outra vez', então, uma certa noite, interrompi pela metade um lanche noturno, dizendo para mim mesmo: 'Você não quer ter outra ressaca pela manhã — ou quer?'"

Quando Anthony abandonou seus festins noturnos, percebeu que tinha acesso imediato a uma energia criativa maior. "Descobri que estava cheio de idéias tarde da noite, e que o medo dessa energia estava na raiz do comer compulsivo." Quando parou de abusar da comida que travava sua criatividade, Anthony percebeu que tinha à sua disposição muitas escolhas saudáveis. Para início de conversa, conseguiu tempo e energia para começar a escrever suas memórias, há tanto tempo adiadas.

"Meus quilos em excesso eram uma barreira que eu erguia entre mim mesmo e minha liberdade", ele percebeu. "Quando abri mão da comilança noturna, os quilos lentamente foram desaparecendo, enquanto eu passava por muitas mudanças saudáveis."

Acreditando-se preso a um emprego pouco promissor, Marcus percebeu que o que lhe faltava era a força de vontade para correr atrás de uma nova ocupação. Ele estava na cadeia, é verdade, mas tinha as chaves nas mãos — chaves que só necessitavam que ele se dispusesse a usá-las.

"Um dia de manhã, escrevi pela última vez 'Odeio meu emprego'", relembra Marcus. "Naquele dia, peguei o telefone e telefonei para uma agência de empregos. Logo me disseram que eu era altamente empregável."

As Páginas Matinais nos apontam em qual direção está nosso crescimento. Elas nos fazem íntimos de nós mesmos, o que, por sua vez, nos permite uma intimidade mais autêntica com as demais pessoas. Leslie surpreendeu a si mesma escrevendo que se sentia infeliz em seu relacionamento. Ao explorar o assunto em páginas subseqüentes, percebeu que estava faminta por uma comunicação mais profunda do que a que tinha com seu parceiro. "Tente dizer isso a ele", suas páginas lhe sugeriram uma manhã. O conselho fez com que Leslie encarasse o fato de que havia praticamente sabotado seu relacionamento para não correr o risco de ser franca.

À medida que nos arriscamos a ser francos em nossas páginas, torna-se mais fácil comportar-se de maneira franca fora delas. Leslie admitiu em suas Páginas Matinais que se sentia sufocada pela co-dependência entre ela e seu parceiro. "Sua possessividade desagradava-me, mas eu aceitava a situação porque me sentia um pouco lisonjeada com isso", confessou. Em suas páginas, ensaiou o que queria dizer. "Eu só preciso de um pouco de espaço para respirar", Leslie disse ao parceiro. "Não quero que façamos tudo juntos." Quando ela se arriscou a ser mais aberta, ele também se arriscou. E, para surpresa de Leslie, ele admitiu sentir o mesmo. Na verdade, sentiam-se ambos esmagados. Essa conversa lhes deu coragem para abrir a porta da gaiola. E logo descobriram que essa independência tornava os momentos que passavam juntos mais significativos e intensos.

Maior intensidade e significado são experiências comuns àqueles que optam por trabalhar com as Páginas Matinais. A experiência não é muito diferente de apaixonar-se — mas agora o objeto de nossa afeição passa a ser nosso próprio eu. Passamos a ser interessantes para nós mesmos. Nossos pensamentos, sentimentos e percepções adquirem importância. Uma página por vez, um dia de cada vez, nos sentimos íntimos de nós mesmos, e essa intimidade é, ao mesmo tempo, ameaçadora e fascinante.

Janice iniciou suas Páginas Matinais devido a um mal-estar misterioso que não conseguia entender. Seu casamento era bem-sucedido, e Bill, seu marido, era um empresário carismático e dinâmico. Ele a mimava com bens materiais. Para Bill, cada desejo de Janice era uma ordem. Ano após ano, o dinheiro de Bill crescia. O casal mudou de casa várias vezes, sempre para residências maiores e melhores. Janice, mimada e gorducha, zelosamente decorava cada novo ninho — mas não estava feliz.

As páginas de Janice sugeriam-lhe que a corrida em busca do grande Sonho Americano era, na verdade, uma busca frenética e vazia. "Eu não precisava possuir mais. Na verdade, precisava de menos. Eu queria apreciar o que já possuía, em vez de viver trocando tudo por algo diferente." Com a ajuda das páginas, Janice percebeu que seus próprios sonhos estavam submersos nos sonhos e metas do marido. Ela desejava escrever — algo mais que os eternos cartões insossos que o estilo de vida social do casal a obrigava. Bill costumava viajar a trabalho. Janice freqüentemente sentia-se sozinha, mas decidiu ocupar seu tempo livre fazendo um curso de redação. Sua criatividade disparou como um foguete. Pouco tempo depois foi convidada a escrever um programa de rádio e, mais adiante, para ser a apresentadora.

"Fiquei viciada em escrever", ri Janice. "Pagavam-me para escrever, mas eu lhes pagaria se fosse necessário!" Além disso, emagreceu e deixou de ser uma galinha gorda chocando seu ninho.

As Páginas Matinais mostram-nos do que é que gostamos — e do que não gostamos. Linha a linha, elas nos conduzem ao nosso verdadeiro eu. Nas Páginas Matinais paramos de nos esconder. Mostramos-nos à luz do dia — pelo menos no papel. "Eu bem que gostaria de tentar...", é o que escrevemos — e um dia tentamos. Sonhos há muito adiados tornam-se, passo a passo, realidade. Descobrimos que, ao mover as mãos ao longo da página, uma outra mão, a mão superior, movimenta-se sobre a superfície de nossas vidas. Para muitos de nós, as páginas são uma experiência espiritual, à medida que entramos em contato com um poder superior a nós mesmos.

Alice perdeu os pais muito cedo. Quando adulta, muitas vezes sentia-se ainda como uma criancinha órfã. Surpreendeu-se por encontrar consolo ao escrever as Páginas Matinais. Inúmeras vezes anotava conselhos que lhe pareciam muito mais sensatos do que os que ela mesma poderia ter escrito. "No início foi como se eu mesma assumisse o papel dos pais sábios. Então comecei a pensar que talvez meus pais estivessem falando comigo através das páginas. Era como se eles estivessem muito próximos, e eu, menos solitária. As páginas se tornaram para mim uma fonte de força e companhia. Passei a vê-las como um exercício espiritual personalizado. Mantinham-me no rumo certo e me proporcionavam equilíbrio."

Para muitos de nós, o equilíbrio parece inatingível. Almejamos encontrar equilíbrio, mas não sabemos como. As páginas podem ser a primeira forma eficiente que encontramos de aconselhamento. Entramos em contato com o que chamamos "nosso mentor interno". Sob sua tutela, somos capazes de, ao mesmo tempo, manter a estabilidade e assumir riscos.

Alan começou a escrever as Páginas Matinais durante o curso *A Via do Artista*.[1] Durante 12 semanas, escreveu todas as manhãs e percebeu, abismado, que sua vida banal se transformava. Havia muitos anos sonhava ser um autor teatral. Movido pela insistência das páginas, começou a arriscar monólogos curtos — e os leu em voz alta, ao microfone, com grande sucesso. Com um tal encorajamento, seria de supor que Alan continuaria firme nesse caminho — mas, pelo contrário, ao final do curso Alan interrompeu as páginas.

Ao abandoná-las, abandonou a si mesmo. Não mais atento à orientação, aceitou um novo cargo importante, em uma área da qual não gostava realmente. Para dizer a verdade, a única coisa que

---

[1] Método para o desenvolvimento do potencial criativo e artístico, criado por Julia Cameron, descrito no livro *A Via do Artista.*

lhe agradava no novo emprego era o salário. Frustrado e um tanto envergonhado consigo mesmo, Alan passou a comer em excesso. Tinha sempre um estoque de guloseimas na gaveta do escritório e, sempre que sua consciência o incomodava, recorria ao estoque. Sem se dar ao menos conta do que estava acontecendo, Alan havia acumulado pouco mais de 10 quilos. Ele, que já era grande, tornou-se grande demais. Quando nossos caminhos se cruzaram, eu lhe sugeri que retornasse às Páginas Matinais para descobrir o que o incomodava tanto e por que precisava comer demais.

"Eu nem sei por que abandonei o programa", confessou Alan. Voltou a escrever as páginas e, ao final de três semanas, seus hábitos alimentares estavam novamente sob controle. Já não usava a gaveta como extensão da geladeira. "Eu realmente odeio este emprego", admitiu. "Não imaginei que estaria vendendo a mim mesmo ao aceitá-lo."

Instigado pelas páginas, Alan pediu demissão, decidido a encontrar outro trabalho mais afinado com seu código de valores. Também recomeçou a escrever, e, mais uma vez, seus monólogos fizeram sucesso com os ouvintes.

"Acho que levo mesmo jeito para isso", disse-me Alan modestamente. Sugeri que ele procurasse um emprego que o deixasse com energia suficiente para continuar a escrever à noite. Não demorou muito para que Alan recebesse uma oferta de emprego que parecia ser feito sob encomenda para ele. Ele acreditava na empresa e em suas metas, e descobriu que trabalhar em algo que estava de acordo com sua escala de valores não o estressava nem cansava tanto quanto o tóxico emprego anterior. Livre de conflitos, teve tempo não só para trabalhar em seu emprego durante o dia, mas também para escrever à noite. Não demorou muito para sentir-se encorajado a escrever uma peça teatral completa — um sonho há tanto tempo acalentado, mas não realizado.

"Acho que aprendi a lição", diz Alan hoje em dia. "Preciso da honestidade e da reflexão que as Páginas Matinais me proporcionam. Não sou uma pessoa espiritual, mas creio que vivo hoje uma vida mais espiritualizada. E gosto disso."

"Descobri que gosto disso" talvez seja, para a maioria das pessoas, a frase que conclui o texto quando escrevem as Páginas Matinais. Se botamos para fora nossas preocupações, nosso estresse e nossas frustrações, uma certa serenidade toma conta de nós. Sentimos de forma diferente, e nossa aparência também se altera.

"O que aconteceu com você", diz a brincadeira, "fez uma plástica ou se tornou religioso?"

Comecei a trabalhar com Richard durante os piores meses de um longo e frio inverno nova-iorquino. Tratava-se de um ator da Broadway bloqueado, e pesava uns 13 quilos a mais do que deveria. Era seu "isolante térmico", ele dizia brincando, mas para mim todo esse peso não parecia assunto para brincadeiras. Tratava-se de suicídio criativo. Ao olhar para Richard, eu via o galã que tentava vir à tona. Sua dieta de pizzas e cheeseburgueres, seguidos por biscoitos de chocolate, era pura sabotagem. Indiquei-lhe um regime que consistia em escrever as Páginas Matinais e contos de fadas. (Isso mesmo, contos de fadas.)

Contrariando sua própria opinião, Richard deu início às Páginas Matinais. Logo percebeu os padrões negativos que o norteavam. Trabalhava demais. Comia demais. Cansado e frustrado, cuidava mal de si mesmo. Pizza havia se tornado sua panacéia contra a infelicidade. Acalentava grandes sonhos e aspirava a uma silhueta mais esbelta, mas o mais perto da Broadway que conseguia chegar era até sua pizzaria favorita. Tinha medo de verdadeiramente se arriscar. Sugeri-lhe então que se arriscasse nas páginas. Por que não escrever contos de fadas em que eliminava um monstro imaginário, alguém que houvesse rebaixado sua auto-estima? Isso o faz pensar em alguém? Fazia.

"Ótimo", eu lhe disse. "Então invente uma história em que você dê um fim nele."

"Mas isso é muito, muito bobo", retorquiu Richard; entretanto, foi para casa e escreveu um conto sobre um seu antigo professor de música. Nesse conto, o professor tinha um destino pior do que a morte — desafinava sempre ao cantar. Richard ficou feliz por ver o grosseiro professor receber o que merecia. Ao compartilhar o conto com a turma, sua alegria era contagiosa.

"Ponto para você", falei a Richard. "E agora, qual é o próximo passo?"

Richard corou. "Para falar a verdade, já dei o próximo passo", admitiu. "Matriculei-me em um curso de colocação de voz e deixei de lado biscoitos, pizza, cheesebúrgueres e tudo o mais."

As últimas notícias que tive de Richard foram de que ele havia perdido quase dez dos seus quilos indesejados, mandado fazer novas fotos e se inscrito para vários testes.

Do meu posto à frente da sala de aula, fico abismada com as transformações que presencio por conta das Páginas Matinais. Dou cursos há duas décadas e meia e ainda me surpreendo ao ver pessoas se modificarem diante dos meus olhos. Chamo a esse processo de "quiroprática espiritual", já que as mudanças se operam na direção exata em que são necessárias. Comedores compulsivos controlam seus excessos. Anoréxicos passam a se alimentar de forma mais regular. Da minha mesa na frente da sala de aula, vejo claramente as melhorias na saúde. E "tudo" que eles fazem é apenas escrever.

Escrever as coisas "certas". Empregos insatisfatórios são abandonados. Idem os relacionamentos insatisfatórios. A energia é canalizada para direções novas, mais produtivas. Sonhos considerados inatingíveis começam a parecer realizáveis. À medida que nos desbloqueamos mais e mais, nossas vidas florescem. À medida que entramos em forma, nossas vidas tomam formas mais adequadas. Com 45 anos, Deanna ingressou na faculdade de Direito. Com 50, James retornou à universidade para fazer mestrado em poesia. Georgianna fez o mesmo, aos 75. Em todos esses casos, o ato de escrever pela manhã foi responsável por encorajá-los a viver de maneira mais aventurosa e ampla.

Para grande surpresa de todos, as pessoas se sentem felizes quando escrevem. Assim que adquirimos o hábito, escrever passa a ser tão natural quanto respirar — e quase tão necessário quanto. Ao movimentar a caneta ao longo do papel, concentramos o foco em nós mesmos. A percepção se torna mais clara. Limites se definem. Guiados por nossa própria mão, sem recorrer a anos de terapias caras, começamos a romper com padrões pouco saudáveis e dependências. Nos tornamos mais verdadeiros conosco — e mais verdadeiros com os que nos cercam.

"Obrigada pelas Página Matinais. Meu marido é hoje um homem mais feliz", contou-me uma mulher. Venho ouvindo a mesma declaração por esses anos todos.

"Pensei que precisava pedir o divórcio", admite Kevin. "Mas o que eu precisava mesmo era encontrar um meio de me tornar mais responsável pela minha própria felicidade."

As Páginas Matinais são um roteiro para a felicidade. Para muitos, essa felicidade se manifesta sob a forma da perda de peso.

TAREFA

Escreva suas Páginas Matinais

Essa ferramenta é o alicerce da recuperação criativa. Será um desafio capaz de enriquecê-lo e animá-lo. Ajuste o despertador para uma hora mais cedo do que a habitual, embora você talvez não venha a precisar de todo esse tempo. Vá até a página e anote exatamente como está se sentindo. Nada é tão pequeno, ou grande demais, que não mereça ser incluído. Mantenha a mão em movimento e siga seus pensamentos. Esses podem surgir de forma fragmentada ou desorganizada. Tudo bem. Não tenha a expectativa de produzir um texto "verdadeiro". Apenas se deixe levar pelas palavras e frases. Não existe maneira errada de escrever as Páginas Matinais. Elas se destinam aos seus olhos apenas. Simplesmente escreva. Lembre-se e acredite: você será capaz de escrever para atingir o peso ideal.

Segunda Ferramenta:

O diário

Você deve escrever diariamente as Páginas Matinais. Mas precisará escrever mais vezes, e não apenas de manhã. Ao longo do dia, você registrará tudo o que comer — e todas as vezes em que sentir desejos de comer. Não é propósito desta ferramenta fazer julgamentos. O objetivo é a exatidão. A maioria de nós não sabe exatamente o que come em um determinado dia. Nos sentimos desencorajados porque ganhamos peso, apesar de nossos esforços em contrário. Anotar em um diário tudo o que comemos põe fim a um tipo de vida baseado em adivinhações e desejos ilusórios. Passamos a lidar com fatos. Sabemos o que comemos e, à medida que adquirimos a prática de escrever o diário, entendemos por que o comemos. É um método simples e direto. Você anota cada coisa que comer. Ao mesmo tempo, anota o que estava sentindo ao ser assaltado pela tentação de comer. Freqüentemente, o que se descobre é que a comida serviu como substituto a uma ação criativa. Não é preciso que essa ação criativa seja algo importante. Pode ser algo simples como arrumar o seu quarto. Ou algo mais difícil, como dar aquele telefonema desagradável. Seja qual for a ação, você chegará à conclusão de que comeu para embotar o raciocínio e, assim, fugir da ação. Chapado por um barato induzido pelo açúcar, quem seria capaz de definir exatamente o que precisa ser feito? Quantas vezes em sua vida uma taça de sorvete tomou o lugar da ação?

Perder peso consiste em um processo. Na melhor das hipóteses, é suave e gradual — quase imperceptível. Um dia, "subitamente", estamos mais magros. Nossas roupas estão folgadas. Ficamos cheios de energia. Nos sentimos mais como nós mesmos. Perdemos peso, sim, isso depois de tentativas repetidas e malsucedidas. Finalmente encontramos aquela coisa mágica que nos permitiu descartar os quilos excedentes.

A "mágica" que funciona, para mim e para meus alunos, são as palavras. Construímos uma barreira lingüística entre nós e uma orgia de comida. Damos nome às nossas emoções turbulentas. Damos nome à nossa paisagem interior, e esse processo de minuciosa autodefinição é fascinante. Para isso escrevemos um diário, que registra muito mais do que nossos hábitos alimentares — nossa batalha para evitar a comida. Ao primeiro sinal de um ataque às guloseimas, recorremos às páginas. Caneta à mão, examinamos nossos incômodos desejos. "Quero comer alguma coisa", escrevemos. E continuamos a escrever. Revelações despencam sobre a página.

Sempre que somos tentados a comer alguma coisa, anotamos.

"Quero comer alguma coisa" logo se transforma em algo muito mais específico. Por exemplo: "Acabei de pensar no John, e isso me deu vontade de compensar meu sentimento de perda. Ainda sinto falta do John." Ou então: "Este novo emprego é interessante, mas é tão público que me parece ameaçador."

Ao perceber as sombras que toldam nosso território interior, elas perdem o poder de nos aterrorizar e sabotar. Podemos viver apesar da falta que sentimos de John, podemos lidar com o estresse inerente ao novo emprego — e podemos fazê-lo sem a ajuda de uma taça de sorvete.

Nem sempre os sentimentos que nos levam ao estoque de biscoitos é um sentimento negativo. Muitas vezes, boas notícias nos tiram do sério. Ao trabalhar suas páginas e o diário, Andrew perdeu perto de 5 quilos, mas a notícia que a balança lhe deu o deixou tão animado que se entregou a uma orgia de comida para comemorar — e sabotar — essa perda. "Eu tive que rir", ele diz, "embora não fosse nada engraçado. Usando as ferramentas, consegui me contentar com meia orgia. E disse para mim mesmo que era um progresso, e não a perfeição".

O estresse dispara o ato de comer como autodefesa, e esse estresse tanto pode ser fruto de novidades positivas em nossas vidas como de más lembranças do passado. Podemos "ainda" sentir falta do John, mas também é possível ficar tão nervoso com o novo e prestigioso emprego a ponto de esses nervos nos levarem a um ataque às guloseimas.

"Publiquei um livro que se tornou best-seller, e todos queriam tirar uma foto comigo", conta um autor arrependido. "Era minha vez de 'mostrar a eles', e o que eu tinha para mostrar era que eu havia engordado uns 6,5 quilos durante uma turnê de divulgação do livro. Meus novos ternos de grife estavam apertados demais, e minha 'carinha simpática' estava balofa. Eu sentia vontade de gritar."

Diante da auto-sabotagem, sempre desejamos gritar, mas podemos, por outro lado, fazer algo mais criativo. Podemos escrever. Escrever as Páginas Matinais logo ao acordar. Ao meio-dia, em vez de pedir um almoço exagerado, podemos pegar o diário e anotar os fatos e sentimentos daquele dia. "Estou no salão de beleza. Todo mundo vai pedir comida chinesa. Estou na maior tentação, mas acho que não vou pedir junto com eles", escreveu Marjorie. O que ela pediu — e recebeu — foi uma salada e um café.

Embora manter um diário possa, no começo, parecer estranho e invasivo, logo se torna uma fonte de companhia e coragem, natural e indispensável.

Caitlin percebeu que usava o diário para dizer coisas que não podia dizer abertamente. Professora de crianças superdotadas, achava que os pais eram freqüentemente arrogantes e intransigentes — ao contrário de seus filhos, dos quais Caitlin gostava muito. Assim, antes de enfrentar uma reunião de pais e professores, rabiscou em seu diário. "Odeio e me irrito com essas reuniões. Esses pais me tratam como se eu fosse uma criada, e não suporto isso." Ao botar para fora sua negatividade acumulada, Caitlin foi capaz de se abster do bufê altamente calórico servido na reunião de pais. Nada de queijo brie e biscoitos para ela. Nada de maçã com gorgonzola. Nem biscoitos com lascas de chocolate. Nada de cheesecake. Nada, a não ser discernimento.

"Senti-me muito bem quando encarei meus verdadeiros sentimentos. Descobri que botar esses sentimentos para fora abriu espaço para outros sentimentos, mais positivos. E, como escrevi no diário, logo após a reunião: 'Não foi tão ruim quanto eu esperava.'"

No meu caso em especial, o diário tornou-se um companheiro constante, meu melhor amigo, a quem eu confiava meus pensamentos mais recônditos — principalmente durante viagens de trabalho. Recorrendo ao diário em vez de recorrer à comida, descobri que havia em mim uma vasta gama de pensamentos que eu ainda não reconhecera.

Descobri que comia muito na hora do almoço, durante as turnês literárias, porque me sentia muitas vezes entediada por mais um quarto de hotel, e o dia me parecia "longo demais". Anotando esses pensamentos em meu diário, ocorreu-me que um bom livro poderia ser um antídoto contra a fossa que tomava conta da hora do almoço. Decidi que o almoço, servido em meu quarto, seria menos importante do que a aventura que eu lia. Leria algo delicioso, em vez de comer. Escolhi uma novela romântica de Tim Farrington, *O Monge do Andar de Baixo*. Todos os dias, mal podia esperar para pegá-lo. Cheguei à conclusão de que sentia mais fome das palavras de Farrington do que fome de um almoço farto. O diário me havia ensinado que eu estava usando a comida contra o tédio e que, se não estava entediada, não sentia fome.

Depois de começar o seu diário, Ned descobriu que sentia uma fome inegável todas as tardes, às quatro horas. "Era nessa hora que eu abria um pacote de batatinhas chip ou devorava um punhado de biscoitos", relata Ned. "Ao escrever sobre isso, ocorreu-me que podia levar frutas para o lanche. Agora levo deliciosas ameixas frescas e, quando pressinto um ataque às guloseimas, eu como ameixas."

Para Alec, meia-noite era verdadeiramente uma hora sinistra. "Toda noite eu saía correndo, lá pelas onze horas", ele relembra. "Ia até uma lanchonete que fechava à meia-noite. E me empanturrava de hambúrgueres e batatas fritas." Alec descobriu, ao escrever o diário, que à noite se sentia desencorajado. Por mais que tudo corresse bem durante o dia, à medida que escurecia sua psique escurecia também.

"Reze", eu lhe sugeri. "Reze nas páginas, escreva uma oração."

Um tanto desconfiado no início, Alec começou a escrever orações tarde da noite, em vez de partir para uma orgia alimentar. E descobriu um monte de emoções ocultas — era à noite que seus sonhos vinham persegui-lo, incitando-o a viver de modo diferente do seu viver habitual. Alec, um bem-sucedido terapeuta, havia enterrado seus sonhos sob os sonhos de seus pacientes. De temperamento artístico, embora não fizesse disso profissão, havia desistido de tocar piano e de escrever. Encorajado pelo diário, deu os primeiros passos em ambas as direções. Comprou um teclado, que veio com fones de ouvido que lhe permitiam tocar à noite sem incomodar os vizinhos. Levava sempre consigo o diário e começou a "dar à luz" poemas curtos, os primeiros desde que terminara o colegial. Orgias alimentares noturnas tornaram-se coisa do passado.

"Nunca pensei que eu fosse disciplinada o suficiente para manter um diário", confessa Brenda. "Foi contra a minha vontade que comecei. O que descobri bem depressa foi que o diário me fazia sentir menos solitária. De repente eu tinha alguém para compartilhar o meu dia. Pode soar melodramático, mas o diário se tornou meu amigo."

"O primeiro diário que comprei tinha cavalos na capa", Karen disse rindo. "Os cavalos me faziam pensar sobre quando era mais jovem e mais feliz, alguém com gosto pela aventura. Logo percebi que manter um diário me dava a sensação de aventura. 'Alguém' — isto é, o diário — queria saber aonde eu ia e o que eu pensava. Passei a escrever sobre muitas outras coisas além de comida."

Para muita gente, o diário é o primeiro passo em direção à aventura. Anotando nossos pensamentos e sensações, descobrimos que, na realidade, somos muito mais interessantes do que pensávamos. Em vez de tediosa, nossa vida diária é repleta de pequenos dramas. Ao registrá-los nas páginas, dá-se uma transformação. "O chato que eu era" passa a ser "o cara fascinante que eu sou". Nossas vidas, geralmente pacatas, podem se desenrolar como romances de Jane Austen, e somos, afinal de contas, os heróis e heroínas. O que pensamos e sentimos é realmente importante. À medida que percebemos que cada dia está cheio de pequenos pontos de escolha, onde podemos agir e reagir de modo diferente, começamos a reagir diante da vida da maneira escolhida por nós, e não apenas como vítimas indefesas.

"Escrever um diário me fez sentir como se eu fosse uma personagem — e uma personagem que me agradava", relata Gillian. "Comecei a perguntar a mim mesma, 'Será que Gillian agiria assim?', sempre que alguma coisa parecia fora de foco. Descobri que eu tinha um estilo definido, e que esse estilo era algo que eu podia cultivar mais. Escrever o diário me ajudou na tarefa."

"Eu não o chamo de diário. Isso me parece muito feminino", diz Matthew. "Chamo o que escrevo de 'relatórios de campo' e penso neles como cartas escritas do front para a família. Como você deve ter percebido, vejo a vida como uma situação belicosa. Parte disso é resultado do meu trabalho como representante de vendas, no qual é cada um tentando devorar o outro. Descobri em um relatório de campo que eu comia para esconder meus sentimentos de vulnerabilidade. Eu queria ficar 'grande o suficiente' para enfrentar os concorrentes. Não é de admirar que eu comesse demais."

Para surpresa de Matthew, seus relatórios de campo logo lhe deram uma sensação de segurança interna. Seguro e firme graças ao que escrevera, já não achava que o mundo era povoado por adversários. Já não precisava comer em excesso para se sentir grande o suficiente.

Liza foi outra que percebeu que manter um diário dava-lhe uma estabilidade muito bem-vinda. Maníaco-depressiva, com aproximadamente 55 anos, havia se conformado com o pingue-pongue de humor — e de peso, que variava de acordo. Nos surtos maníаcos, era ativa demais para perder tempo com comida. Nos surtos depressivos, comia demais. Bastava-lhe olhar a balança para saber exatamente qual ciclo estava atravessando. Ao registrar suas ações e reações, Liza começou a ter pena de si mesma. Tantos altos! Tantos baixos! Pela primeira vez pediu ajuda a um psicofarmacologista. Após várias tentativas, encontrou-se um medicamento que lhe permitia ter acesso a suas emoções, mas equilibrava suas mudanças intempestivas de humor. Sua vida se estabilizou, e com isso seu peso.

"Escrever um diário me torna mais inteligente", afirma Bob. "No mínimo permite que eu anote minhas boas idéias antes que elas se evaporem." Bob, redator de textos publicitários, usa o diário como uma espécie de laboratório de idéias. "Comecei escrevendo a respeito do meu peso. Corria para o diário sempre que me sentia à beira de um ataque às guloseimas. O que eu descobri de saída foi que as guloseimas vinham bloqueando muitas idéias. Quando deixei de lado os biscoitos recheados, senti como se o meu QI aumentasse alguns pontos. Em vez de mastigar um biscoito, eu ruminava uma nova idéia. Foi assim que criei algumas das minhas melhores campanhas."

Se escrever um diário nos deixa mais magros e mais inteligentes, por que não há mais pessoas fazendo o mesmo?

"Sempre pensei que diários fossem coisa de escritor", diz Patsy. "E eu não tinha nada de escritora."

"Um diário parece tão definitivo", graceja Carl. "Está lá na página, em preto e branco. Acho que eu temia o compromisso. Digamos que eu *sei* que temia o compromisso."

Manter um diário não é apenas para escritores. Recentemente, um advogado me disse que "escrever um diário melhorou à beça meu desempenho no tribunal". Escrever um diário não é uma obrigação, como temia Carl. O único compromisso é o de tentar. E tentar de novo no dia seguinte.

TAREFA

Compre um diário e tenha-o sempre com você

Para muitos de nós, essa tarefa é um exercício que visa aumentar a auto-estima. Estamos dispostos a escrever um diário, mas o fazemos de maneira desleixada e escrevemos em qualquer pedaço de papel disponível. A idéia de possuir um diário apropriado nos parece desperdício, um compromisso muito grande — e caro. Não é um compromisso tão grande assim. Custa muito menos que os quilos a mais que você está carregando. Pergunte a si mesmo: "Qual é o tipo de diário que gostaria de usar e que eu usaria?" Alguns preferem os do tipo caderno em espiral, que os fazem lembrar dos tempos de escola. Outros preferem diários de capa dura e pequenos o suficiente para caber em sua bolsa. Escolha um formato de diário que lhe agrade e não seja sovina quanto ao preço. Perder peso vale o investimento — e a autopercepção que isso vai lhe proporcionar não tem preço. Leve o diário consigo a toda parte. Use-o sempre que comer — e sempre que sentir desejo de comer.

Terceira Ferramenta: Caminhar

Escrever acrescenta movimento a nossas vidas. O hábito de escrever diariamente as Páginas Matinais nos põe em contato com nossos pensamentos e sentimentos. Descobrimos "o que está nos devorando por dentro". Já é parte do caminho a percorrer, mas não cobre o caminho todo. Precisamos nos exercitar para exorcizar nossos demônios. E caminhar é o melhor meio. Eu moro em Manhattan, um paraíso para o caminhante. Ao sair pela porta da frente, posso virar à direita em direção a uma rua movimentada ou virar à esquerda e explorar o Central Park. Deixo que meus pés decidam qual o caminho a tomar e sigo o que eles determinam, curiosa por saber aonde eles me levarão. Sempre me levam à aventura.

"Mas, Julia, eu não tenho tempo para caminhar!", talvez proteste o leitor. Isso se chama resistência. A resistência nos diz que não temos tempo.

Nenhum de nós tem tempo para caminhar, não com as vidas atribuladas que vivemos. Caminhar parece tão frívolo. Temos que pensar nas crianças, no marido, na carreira. E, mais importante, parece que caminhar toma tempo demais. Como arranjar tempo para caminhar, com a vida corrida que levamos? Tempo é o que mais nos falta — mas será mesmo? Podemos tirar vinte minutos de um dia superocupado simplesmente para caminhar, em vez de nos preocuparmos com a caminhada — e caminhar nos ajuda a não nos preocuparmos.

Dorothy, mãe de sete filhos, achava que não tinha tempo para caminhar. Havia sempre uma de suas muitas crianças precisando dela, e quando não eram as crianças, era o marido. "Eu estava sempre 'de plantão'", lembra-se ela. "Como um médico. Nem me passava pela cabeça tirar um tempo para mim."

— Certamente você há de conseguir uns vinte minutos — tentei convencê-la.

— De jeito nenhum — protestou Dorothy. — Se eu tiver vinte minutos sobrando, vou aproveitar para colocar umas roupas para lavar.

— E cinco? — insisti. — Um passeiozinho, bem curto, de cinco minutos?

— Para ir aonde? — quis saber Dorothy. — Cinco minutos não são suficientes para ir a lugar algum.

— Saia pela porta da frente e vá para onde seus pés a levarem.

— Isso é um truque, não é? — protestou Dorothy. — Eu ajo assim com meus filhos.

— Estou tentando persuadi-la — respondi.

— Ora, está bem, mas só cinco minutos, viu?

— Ótimo.

Dorothy se recorda: "A parte mais difícil foi fazer com que meus pés passassem da porta para fora. Arranjei mil desculpas para adiar tudo. E as crianças! Era como se eu estivesse partindo para a Índia para viver em um ashram." Na primeira vez em que Dorothy botou os pés para fora de casa, marcamos um V de vitória.

"A persistência vence a resistência", eu disse a ela. "Tente cinco minutos todos os dias."

"Vamos ver", riu Dorothy — e vimos.

Antes que se passasse um mês, os cinco minutos diários de Dorothy tinham esticado para dez, e não demorou muito para se tornarem vinte. Ela começou a apreciar as caminhadas e a ansiar por elas. Seu peso, que teimava em permanecer o mesmo, começou a baixar um pouquinho. "Eu adoro caminhar", ela disse radiante. "Saio de casa com problemas e volto com soluções." E ela não é a única a experimentar esse tipo de reação. Quando dou aulas sobre desbloqueio da escrita, os alunos oferecem resistência às caminhadas, depois se apaixonam por elas. Durante o semestre, que é o quanto dura o curso, seus vinte minutos de caminhada se alongam e podem chegar a uma hora.

"Aprendi a gostar da minha própria companhia", relata Carole, uma traça de biblioteca em recuperação que, passo a passo, tirou os olhos dos livros pelo tempo suficiente para apreciar a paisagem. Para ela, foi extremamente difícil vencer a resistência. Embora preferisse pensar em si mesma como uma pessoa aventureira, na vida real recusava-se à menor aventura.

"Desenrolei minhas pernas e pensamentos", afirma Jay, um designer gráfico que descobriu que as caminhadas costumam darlhe idéias criativas.

"Desenvelheci a mim mesma", afirma Catherine, uma senhora de 60 anos que parece ter perdido não só alguns anos de idade como também quilos.

Caminhar dá a muitos de nós a sensação de maior vitalidade, e até de rejuvenescimento. Um passo de cada vez, uma caloria de cada vez, queimamos nosso mal-estar crônico e revitalizamos nosso metabolismo.

Não damos atenção à importante relação que existe entre o corpo e o trabalho. Tendemos a pensar sobre a criatividade em termos puramente intelectuais, como algo incorpóreo e vagamente espiritual. Isso não passa de bobagem. A criatividade não é etérea. É muito real, uma energia que nos é mais útil se estiver conectada a este mundo. E é através do corpo que fazemos essa conexão, com maior facilidade e mais sensatamente, quando caminhamos.

Quando morei em Taos, no Novo México, caminhava diariamente entre artemísias e montanhas. Hoje em dia, morando em Manhattan, passeio entre a natureza cuidadosamente esculpida do Central Park. Chego ao parque pela rua 86, desço uma ladeira suave em direção ao faiscante reservatório. Árvores — enormes carvalhos que produzem uma infinidade de nozes — formam arcos acima da minha cabeça. Costumo encher os bolsos com um punhado de nozes, que manuseio como as contas de um rosário, enquanto caminho.

Caminho diariamente, alongando a alma assim como as pernas. Enquanto caminho, rezo pedindo orientação criativa. Peço auxílio para meus projetos, uma intuição que me mostre o caminho a tomar. Rezo para me tornar bela como são belas as árvores, cada qual crescendo segundo um plano próprio. Arranca-se um galho, e a árvore se adaptará à perda e continuará crescendo, sempre bela. Espero florescer da mesma maneira, assumindo a forma e a dimensão preestabelecidas para mim. Uma decepção criativa pode entortar meu crescimento e dar à minha vida uma direção inesperada. Enquanto caminho, rezo para que eu cresça de forma graciosa, segundo a vontade de Deus, em vez de insistir em minha própria vontade.

Quando caminhamos, nossos problemas se reduzem ao seu tamanho real. Podemos iniciar a caminhada atormentados por problemas que parecem maiores do que podemos suportar. Uma dor muito grande pode encurtar nossas passadas — mas só no começo. À medida que seguimos em frente, os problemas adquirem nova dimensão. À medida que nossos corações se conectam com o grande Criador, esses problemas parecem encolher. As perdas mais terríveis se tornam suportáveis. Sentimos fluir uma corrente do que podemos chamar de graça divina.

Quando meu pai morreu, eu dava longas caminhadas todos os dias. Meu sofrimento parecia insuperável, mas a cada dia a caminhada ajudava-me a suavizá-lo. Depois de uma longa volta através das artemísias, encerrava o passeio junto a um pequeno regato. Eu cantava "sinto saudades do meu pai", uma singela canção de luto, e, de repente, sentia a presença dele em tudo que me cercava, nas artemísias, no solo avermelhado, via seu vulto pairando acima de mim sobre a Montanha Sagrada. Caminhar fazia meu sentimento de perda dar lugar a uma sensação de continuidade. A impressão que eu tinha, de uma terrível separação, cedia vez a uma sensação de estarmos conectados. Ao sair de casa, sentia-me vazia, desprovida de qualquer impulso criativo, e voltava misteriosamente plena, pronta para me sentar e escrever.

Em minhas aulas, costumo perguntar aos alunos quantos deles intuitivamente saem para caminhar quando se sentem emocionalmente perturbados. Mais da metade das mãos se erguem. Caminhar é uma ferramenta curativa. Recorremos a ela por instinto. "E quantos de vocês saem para caminhar quando precisam tomar uma decisão?", pergunto. E as mãos voltam a se erguer. "E quantos caminham quando estão tristes?" Mais mãos levantadas. Caminhar é um remédio auto-aplicado que intuitivamente conhecemos bem e utilizamos. O que temos que aprender é a caminhar sempre, e não apenas nas horas difíceis.

Caminhar pode ser uma ferramenta consciente para nos inspirarmos e nos conectarmos. Não precisamos esperar pelas horas difíceis para começar a andar. Na verdade, se caminhamos com freqüência, as horas tristes se tornam mais raras. Caminhadas minimizam nossas dificuldades. Caminhando, vemos as coisas contra o pano de fundo de uma perspectiva mais ampla. Sentimos que não estamos sozinhos com os nossos problemas. Existem outras forças, mais poderosas, que nos guardam, guiam e consolam. Ao caminhar, somos os receptores do que chamo idéias alfa, idéias que parecem oriundas de uma consciência superior à nossa, pensamentos ao mesmo tempo simples e ousados. Foi caminhando que pela primeira vez me ocorreu compor música — uma idéia aparentemente absurda. Já havia completado 45 anos. Certamente, se eu tivesse talento para a música, esse já não se teria manifestado?

Voltei para casa e continuei a ruminar a idéia: "Talento musical? Logo eu?" Mas a idéia, como a maioria das idéias alfa, era insistente. Não me abandonava. Pelo contrário, voltava sempre que eu saía para caminhar, e parecia cada vez mais plausível. Durante uma caminhada nas montanhas High Rockies, aconteceu minha primeira canção.

Meu coração verde está repleto de maçãs.
Sua face escura está repleta de estrelas.
Sou aquela que você esqueceu.
Você é aquele que meu coração deseja.
Portanto, dance ao pensar em mim.
Cante para se lembrar de mim.
Cante até que seu coração veja
Quem somos...

Ao ouvir a melodia e a letra, corri montanha acima até a casa da minha amiga, onde gravei depressa a canção em um toca-fitas. Depois cantei-a para a minha amiga e o marido dela. Eles escutaram, tão encantados quanto eu. A melodia era linda. Caminhar me havia conduzido a um talento inesperado.

Depois disso, passei a carregar habitualmente um gravador, na esperança de "pescar" outras canções. E, com certeza, outras mais vieram a mim. Inclusive quando eu não estava caminhando, mas, quase sempre, quando estava. Parecia-me nada menos que um milagre. Eu sempre fora oficialmente considerada a irmã sem talento para a música, em meio a uma família altamente talentosa. Música era algo que eu sempre havia desejado, mas não acreditava ser capaz de criar. Caminhar mostrou-me que não era bem assim.

"Foi durante uma caminhada que me ocorreu entrar para uma faculdade", conta James. "No início, a idéia me pareceu absurda. Onde eu ia arranjar o dinheiro? Caminhei mais ainda e me dei conta de que muita gente recorre ao crédito escolar, e que eu podia fazer o mesmo, apesar de estar com 50 anos. Quanto mais eu andava, mais plausível me parecia a idéia. O que havia começado como uma idéia impossível aos poucos foi parecendo exeqüível. De repente, pensei: 'Claro que devo fazer também um mestrado.' E fiz."

O hábito de caminhar é nosso mestre na arte da intuição. Amplifica o que os místicos chamam de "pequena voz silenciosa". "*Solvitur ambulando*", afirmou Santo Agostinho: "Caminhando, resolve-se". Ao caminharmos, os dois hemisférios cerebrais conversam.

"Saio para caminhar levando uma pergunta", diz Danielle, uma jovem escritora, "e, depois de andar algum tempo, recebo uma dica ou sinto um impulso: 'Telefone para a tia Sue. Pergunte a ela o que deve fazer.' Em outras palavras, caminhar pode não me dar uma resposta direta, mas me mostrará onde encontrar a resposta. Às vezes trata-se, literalmente, de qual é o passo que devo tomar. Posso estar confusa ou empacada, mas, se eu sair para caminhar, geralmente recebo instruções sobre o que devo fazer a seguir. 'Telefone para fulano. Vire à esquerda. Dobre à direita quando chegar à esquina' — alguma coisa".

"Considero a caminhada como uma meditação", afirma Chrissy, uma budista principiante. "Quando escrevo as Páginas Matinais, sinto-me 'enviando', mas andando estou pronta a 'receber'. Sempre tive dificuldade em meditar sentada. Preciso estar em movimento para receber." O mestre zen Dogen denomina esse ato "a caminhada do eu interior".

Não é por acaso que caminhar nos ajuda a receber. A caminhada nos ensina a arte de respirar — uma respiração regular, repetitiva, é indispensável à meditação bem-sucedida. Enquanto andamos, nossa respiração vai se tornando mais ritmada. À medida que a respiração se estabiliza e aprofunda, nós nos concentramos mais. A "pequena voz do silêncio" se faz ouvir.

As tradições espirituais consagradas reconhecem esse fato. Os ingleses caminhavam até Canterbury. Os muçulmanos excursionam a Meca. Os indígenas norte-americanos vagam através de locais ermos em busca de visões. Druidas e wiccas seguiam as linhas ley para absorver conhecimento espiritual. A palavra tibetana que significa "humano" é a mesma que se usa para designar "caminhante" ou "aquele que parte em migração". Podemos tomar essas antigas tradições como exemplo. O hábito de caminhar promove o progresso espiritual e criativo.

Brenda Ueland, a renomada professora de redação, recomendava o hábito de caminhar "a sós e diariamente" para receber inspiração. Acreditava que o ato de caminhar acelerava o motor da inspiração. O romancista John Nichols caminha diariamente. O mesmo faz a professora de redação Natalie Goldberg. Os poetas ingleses denominados Poetas do Lago eram, todos eles, bons caminhantes (Será por acaso que agrupamentos de sílabas em poesia também são denominados "pés"?). O número de horas que esses poetas passavam a pé só era superado por sua produção no papel. Todos nós podemos aumentar nossa produção através da caminhada. Caminhar é uma via infalível para a criatividade.

Quando dou cursos de redação criativa, insisto com meus alunos para que andem. "Enredos serão sugeridos, assim como personagens", digo-lhes. "Eu lhes garanto. Suas histórias estão à espera de que vocês as descubram caminhando." Foi o que aprendi com a experiência. Quando eu estava escrevendo o romance policial *The Dark Room* (O Quarto Escuro), não deixava de fazer longas caminhadas diárias. Enquanto admirava as primeiras flores da primavera no deserto, ao mesmo tempo tramava assassinatos e caos. Quanto mais escrevia, mais necessidade sentia de caminhar. Eu inventava um mundo sombrio e sinistro, por isso precisava da estabilidade e da calma que as caminhadas me proporcionavam.

Caminhar nos dá a sensação de estarmos conectados. Caminhamos sozinhos, no entanto nos sentimos participantes de um mundo maior. "Caminhar me faz sentir que sou parte da cidade", comenta Denise, falando sobre sua caminhada diária por Manhattan. "Muitas vezes vejo rostos afetuosos, mesmo em meio à multidão. Gosto da sensação de ser uma entre muitos, de que sigo meus caminhos como os outros seguem os seus."

Para muitos habitantes da cidade, o hábito de caminhar lhes confere, pela primeira vez, a sensação da cidade como um ambiente afetuoso. "Antes de adquirir o hábito de caminhar, a cidade me parecia esmagadora", conta Jane, hoje em dia uma ávida caminhante. "Eu comia demais para bloquear o sentimento de estar intimidada. Depois que passei a caminhar, comecei a ver a cidade em uma escala menor, bairro a bairro. Não mais uma metrópole intimidadora. Percebi que habitava um mundo composto por bairros interligados. Além disso, descobri muitos mercados pequenos que vendiam peixe e alimentos saudáveis. Isso me inspirou a voltar a cozinhar, o que tratei de fazer logo. Comecei a ver minha casa como um lar de verdade. Sentindo-me melhor dentro da minha própria pele, meu peso começou a baixar aos poucos. Enfiei a balança embaixo do sofá da sala, onde ela está até hoje."

Quando morava no campo, meus passeios matinais também aconteciam entre uma espécie de "bairros". Eu sabia: aqui moram as cobrinhas d'água; aqui moram os coiotes; aqui é a casa dos coelhos; e ali a das codornas. Comecei a contar com os encontros com essas criaturas, a cumprimentá-las do mesmo modo que um nova-iorquino se relaciona com os vizinhos.

"Mais à frente ficam os coiotes", explica Georgia, uma pintora que mora na região montanhosa de Wisconsin. "Tenho coelhos no jardim. No bosque, ao longo do rio, ficam as codornas, muitas vezes avisto veados. Se estiver com sorte, vejo uma raposa — para não falar nos pássaros todos. Se minha caminhada se estende até os campos alagados, vejo os melros de asas vermelhas, gansos do Canadá, patos selvagens e uma ou outra garça." Para Georgia, a fauna é sua companheira diária de caminhada. "Acho que eles até já sabem que podem contar comigo todas as tardes, entre duas e três horas."

Para Georgia, caminhadas se parecem, do ponto de vista emocional, com aquele tipo de sorvete que gourmets ingerem entre um e outro prato para "limpar" o paladar — no caso dela, um intervalo entre as sessões diante do cavalete. Ela fez da caminhada um evento fixo em sua agenda diária, e esse sistema é o que melhor funciona para todos. Há quem prefira caminhar logo depois de escrever as Páginas Matinais. Podem, por exemplo, ir a pé para o trabalho

— ou pelo menos fazer a pé parte do trajeto, e para isso descem do metrô uma ou duas estações antes. Outros caminham à noite e esticam as pernas para relaxar do estresse do dia. Não importa a que horas você caminha, desde que caminhe. Uma caminhada diária é o melhor. Essas caminhadas aceleram seu metabolismo e fazem com que você queime calorias com maior eficiência.

Minhas caminhadas diárias acontecem lá pelo meio da tarde. Servem para limpar o meu leque artístico, fazendo a transição do meu trabalho com a música para o ato de escrever. Ao sair de casa, sou brindada com uma seqüência de imagens — um esquilo aqui, depois uma pinha caída de algum pinheiro —, e essa seqüência de imagens ajuda-me a encher o lago criativo. Em casa, ao pescar idéias, eu as encontro.

Quando não posso caminhar ao ar livre, ando em uma esteira inclinada para cima e, ao mesmo tempo, ouço música em fones de ouvido ou leio meu livro favorito de orações, *Creative Ideas* (Idéias Criativas), de Ernest Holmes. Tal como o que é visto na natureza, a música e a oração criam uma corrente positiva. Caminho e, ao mesmo tempo, elevo o espírito e também minhas perspectivas.

Segundo meu médico, Christopher Barley, um homem alto e delgado, dono de um metabolismo que até um pássaro invejaria, uma caminhada vigorosa de vinte minutos é suficiente. "Não é preciso ir muito longe ou subir ladeiras", diz ele, "mas deve-se caminhar diariamente. Uma caminhada diária tem resultados surpreendentemente eficazes". Esses resultados incluem baixa no colesterol e no peso. No meu primeiro mês de caminhadas diárias cheguei a perder 4 quilos.

Caminhadas atrairão idéias criativas para perto de você. Com as caminhadas, seu apetite por farras alimentares será menor. Da próxima vez que sentir a aproximação de um ataque às guloseimas, experimente caminhar e anote os resultados.

TAREFA

Caminhe e anote

Calce sapatos apropriados para caminhar. Amarre-os. Confortáveis? Ótimo. Saia para uma caminhada de vinte minutos. Se você ficar dizendo para si mesmo que não tem tempo, lembre-se de que caminhar nos dá tempo. Enquanto caminha, pense quais são suas prioridades para esse dia. Você passará o restante do dia sentindo o coração mais leve. Depois da caminhada, talvez você queira anotar as idéias, intuições que teve, a inspiração que recebeu.

Quarta Ferramenta: As quatro perguntas

O ataque às guloseimas é um inimigo ardiloso. Costuma nos pegar desprevenidos, quando nossas defesas estão enfraquecidas. Vamos imaginar que passamos o dia nos alimentando de forma saudável. O ataque às guloseimas vai estar de emboscada na hora de ir para a cama. Uma vozinha elogia a nossa virtude durante o dia e diz que "só um pouquinho" de algo proibido não vai fazer mal. Mas um pouquinho de um alimento proibido fará mal sim — e esse pouquinho geralmente abre caminho para mais um pouquinho.

No meu caso, o ponto fraco é uma torta de cerejas que se tornou comum lá em casa, já que mora comigo uma doceira de mão cheia. Dificilmente eu acordo de manhã sem sentir o cheiro de algo recém-saído do forno. Esta manhã, por exemplo, era bolo de chocolate e pistache. Ontem foram biscoitos de avelã. Já estou craque em enfrentar esses inimigos deliciosos. Chocolate, ora, é chocolate, a comida do diabo, e já sei que devo evitar. Torta de cerejas, pelo contrário, parece ser tão leve e inocente que uma fatia não há de fazer mal. Mas uma fatia faz mal, sim — uma fatia leva a outra —, então recorro a meu estojo de ferramentas e a uma série de quatro perguntas que servem para desarmar a bomba alimentar.

"Estou com fome?" é a pergunta número um. Já descobri que, muitas vezes, a resposta a essa pergunta é não. Não estou com fome, mas estou entediada ou frustrada, e a fatia de torta me parece uma aventura culinária. Diante do desafio de uma página em branco, eu talvez recorra à geladeira. Ao perguntar "Estou com fome?", é possível evitar o descarrilamento antes que aconteça. Mas, se eu estiver com fome, passo à pergunta número dois.

"É isso mesmo que eu quero comer?", é a pergunta número dois. Esta é outra pergunta destinada a frear, antes que saia dos trilhos, um ataque às guloseimas. Anthony conta uma história em que ele ansiava por um cheesebúrguer até que fez essa pergunta a si mesmo e descobriu que não, que ele não queria todas aquelas calorias, toda aquela gordura e carboidratos. "E acabei comendo uma pêra doce e fresquinha", diz ele. "Descobri que as frutas, como são doces, muitas vezes conseguem derrotar de forma suave um ataque às guloseimas."

"É isso que eu quero comer agora?", indaga a pergunta número três. Muitas pessoas que estão de dieta dizem que os ataques às guloseimas lhes acontecem tarde da noite. "O ataque às guloseimas era o meu bicho-papão, que ia direto para a minha cintura", relembra Margie. "Eu acreditei na Oprah quando ela disse que eu não devia comer tarde da noite, mas 'não devia' não quis dizer que eu não iria. Em duas de cada três noites eu cedia à tentação, e a tentação era denunciada pela balança no dia seguinte. Para falar a verdade", continua Margie, "muitas vezes não quero algo engordativo tarde da noite. Digo a mim mesma que posso deixar para o dia seguinte."

A pergunta número quatro é a chave da liberdade para pessoas como Margie. "Há alguma outra coisa que eu possa comer em substituição?", é a pergunta que abre as portas a opções inteligentes. A solução pode ser encher a geladeira com alimentos permitidos a qualquer hora. Tarde da noite, é bem melhor comer uma gelatina ou pudim diet do que cair numa farra de sorvete Häagen-Dazs. Uma ameixa em vez de uma barra de chocolate. Não tem jeito: um comedor compulsivo vai comer — mas, com a ajuda das quatro perguntas, passa a comer de forma mais sensata.

"Utilizando regularmente as quatro perguntas, descobri que canalizava meus hábitos alimentares para um rumo mais saudável", confidencia Jeanette. "Quando era acometida por um ataque às guloseimas, recorria às quatro perguntas. Quase sempre conseguia substituir o lanche por algo mais saudável, ou até abrir mão dele. Com o uso das perguntas, perdi 4 quilos que teimavam em não me abandonar."

"O que mais gostei nessas perguntas foi o seu realismo", diz Lucy. "Elas demonstravam claramente que eu estava a ponto de comer alguma coisa, e me mostraram como fazer isso com um mínimo de danos. Nem sei dizer ao certo quantas vezes abri mão de biscoitos em favor de pipoca sem manteiga."

"As perguntas ensinaram-me o valor das frutas", brinca Anthony, um advogado alto e bonito que há tempos estava mais de 15 quilos acima do peso. "Acostumei meu paladar de formiga a se contentar com o açúcar natural. Eu estava louco para comer um doce e descobri que podia comer uma tigela de morangos com adoçante, ou uma pêra em fatias." Depois de um mês fazendo a si mesmo as perguntas, Anthony perdeu 4 quilos, mas percebeu que sua cabeça mudou tanto quanto o seu corpo. "Em vez de me sentir privado e ressentido, como sempre me acontecia durante dietas, senti que estava ficando mais capaz. Percebi que, na realidade, além de hábitos alimentares saudáveis, eu havia adquirido um novo estilo de vida."

Carlos, que trabalhava como garçom, servindo alimentos deliciosos e engordativos em um navio de cruzeiros, descobriu que seria bom ter sempre no bolso as perguntas por escrito. "O chef vivia preparando 'agrados' para a equipe. Descobri que podia recusar esses agrados recorrendo às perguntas. Muitas vezes eu não estava com fome. E se estava, nem sempre estava com vontade de comer o que era oferecido."

Utilizando as perguntas de forma defensiva, Carlos perdeu centímetros e quilos no primeiro mês. "Estou ficando com uma aparência diferente", ele me disse exultante. "Começo a me ver como um homem bonito, e não apenas como um gordinho. Pode ser porque fiquei mesmo mais bonito, ou talvez porque minha atitude melhorou — e as gorjetas que recebo também!"

Melhor atitude, mais otimismo, mais energia — esses são os prêmios por trabalhar regularmente com as quatro perguntas. O ritual de fazer as quatro perguntas desperta nossa consciência aos poucos, mas de forma abrangente, fazendo com que percebamos quando e o que comemos. E não poderia ser mais fácil. Eis novamente as perguntas:

1. Estou com fome?
2. É isso mesmo que eu quero comer?
3. É isso que eu quero comer agora?
4. Há alguma outra coisa que eu possa comer em substituição?

TAREFA

Fazer as quatro perguntas a si mesmo

Pegue a caneta. Indague-se: "Qual é a minha atitude a respeito da utilização das quatro perguntas?" Você tem uma favorita? Então escreva a respeito dela. Há alguma pergunta que lhe traga melhores resultados? É essa a pergunta que você costuma pular? A quarta pergunta ajudou-o a alterar o conteúdo da sua geladeira?

Quinta Ferramenta:
Encontros culinários

A maioria de nós teme entrar em dieta, por associá-la a sofrimento e privação. Mas, e se a alimentação saudável for uma coisa divertida? Que tal fazer da sua dieta uma aventura culinária em vez de simples abstinência? A dieta Escreva e Emagreça propõe que você saia uma vez por semana para um programa culinário criativo. Baseados em teorias criativas, os encontros culinários são uma variação de uma ferramenta testada e aprovada, o Encontro de Artista, que consiste em uma expedição semanal, individual, com a finalidade de expandir pouco a pouco sua zona de conforto. Como já diz o nome, essa ferramenta consiste em manter um romance consigo mesmo. Nesses encontros, você se torna íntimo de si mesmo. O Encontro é uma data sagrada. Pense em prazer, e não em obrigação. Escolha um programa do seu agrado. Esteja preparado para encontrar alguma resistência ao planejar seu Encontro Culinário. Apesar de sua aparente frivolidade, essa é uma ferramenta séria que visa ao autoconhecimento. Jantar fora pode fazer parte do encontro culinário. Ou uma ida a uma loja especial de artigos para a cozinha. Você pode, ainda, assistir a uma aula de culinária ou visitar um mercado de frutas e legumes orgânicos.

"Pode me chamar de clássica", diz Raina. "Uma vez por semana, sinto desejo de comer um bom cheeseburguer. Já andei por

Nova York inteira comparando o que existe no mercado. Meu favorito é um abacate-búrguer, ao ponto, tostado na brasa. Como o hambúrguer sem o pão, e acompanhado de salada em vez de batatas fritas. Com isso satisfaço meu desejo de comer algo proibido, mas sem fugir aos princípios da alimentação saudável."

Nem todos nós temos como Raina preferência por comida tipicamente americana — ainda mais se temos à mão sushis, comida chinesa ou etíope, ou moramos perto do bairro italiano e não muito longe do coreano.

"Eu tinha um medo terrível de jantar fora sozinha", revela Charlotte. "Precisei juntar toda minha coragem na primeira vez que tentei uma aventura dessas. Com certeza, eu pensei, todo mundo vai notar que estou sozinha. Vão pensar que eu sou esquisita. Vão pensar que não tenho amigos. Por sorte, ninguém parecia estar pensando essas coisas. Olhei à minha volta, e havia outras pessoas jantando desacompanhadas. Isso me encheu de coragem. Eu havia trazido um livro para me alhear do ambiente, mas percebi que eu queria, pelo contrário, me sentir integrada. Me interessei pelos garçons. Me interessei pelos demais clientes. Jantar fora sozinha foi mesmo uma aventura. Mal pude esperar pela próxima ocasião."

Muitos de nós, como Charlotte, passam a adorar os encontros culinários. Descobrimos que é melhor planejar o encontro com antecedência, aproveitando de antemão a refeição que vamos comer e as horas que vamos passar na ótima companhia de nós mesmos.

"Jantar fora sozinha é um dos pontos altos da minha semana", diz Susan. "Era uma aventura muito especial para mim, por isso me acostumei a planejar tudo com antecedência. Comecei a colecionar menus durante minhas caminhadas. Depois, em casa, escolhia qual seria a expedição da semana. Tailandesa? Que tal mexicana? Ou japonesa? Ou, minha eterna favorita, chinesa?"

Como Susan, muitos de nós passamos a colecionar menus durante as caminhadas. Comida exótica não significa, necessariamente, comida que engorda. Em um restaurante chinês, peça carne com verduras cozidas no vapor, acompanhadas de um molho para mergulhar os pedacinhos. Comida indiana? Com todos aqueles pães amanteigados? Experimente galinha à tandoori (galinha com iogurte e molho condimentado). A comida de delicatéssen é considerada das mais perigosas, mas descobrimos que é possível comer o recheio dos sanduíches e evitar o pão (picles de delicatéssen são quase isentos de calorias). Nelas servem-se também saladas e sopas deliciosas que não engordam.

"Não sou judia", explica Emily, "mas descobri que adoro a boa cozinha judaica. Semana após semana, vou a alguma delicatéssen e como sanduíches de pastrami. Como língua. Como fígado de galinha picado. Tomo sopa com bolinhas de matzá. Mas não como cheesecake. Em vez disso, volto para casa e como minha deliciosa sobremesa de ricota batida com frutas congeladas".

A comida não é, em si mesma, uma inimiga. O problema é quando se abusa dela. Aprender a jantar fora, e bem, é um dom social que substitui muito bem os abusos. É preciso força de vontade para dizer não, com uma cesta de pães a nos tentar — é melhor pensar em termos de dizer sim a outra coisa. Por isso, estudar com antecedência o cardápio é um trunfo: há muitas entradas saudáveis e saladas que poderiam passar despercebidas.

"Moro em Manhattan", diz Glenda. "É uma meca para quem gosta de jantar fora. Comecei pelo meu bairro, mas, à medida que me tornava mais corajosa, tentei o bairro chinês, o italiano, o japonês, o coreano e o brasileiro. Descobri que tenho uma predileção por cozinhas exóticas. Estoquei em minha despensa especiarias para as noites em que cozinho em casa."

Muitos de nós descobrimos que nossos encontros culinários nos dão a sensação de bem-estar e aventura. Não estamos "amarrados" a uma dieta. Pelo contrário, estamos aprendendo um novo e variado estilo de vida.

"Nem lhe conto como foi difícil me convencer a sair sozinha", confessa Victoria, uma moça solteira de trinta e poucos anos. "Pensei que ia ficar todo mundo me olhando. Mas vi que me tratavam com cortesia e respeito. Era como se todos fizessem questão de que eu me divertisse muito, e me diverti." Victoria é ítalo-americana e acabou sendo atraída para o bairro italiano e a cozinha de seus ancestrais. "E lá não havia apenas massas. Havia vitela, peixe, antepasto. Eu podia comer coisas simples e sem gordura, embora o ótimo pão italiano sempre representasse uma tentação. Eu me permitia uma fatia de pão e, em troca, abria mão do tartufo na sobremesa."

Muitos de nós chegamos à conclusão de que jantar fora desacompanhado rende dividendos inesperados. Percebemos que somos capazes de ser refinados — e ter a certeza de que somos refinados. Podemos recusar alimentos pesados que não desejamos e, assim, nos tornamos peritos em descobrir iguarias "permitidas".

"Descobri que podia direcionar meu apetite para hábitos mais saudáveis", diz Regina. "Eu pedia alguma proteína magra e vários legumes como acompanhamento. Muitas vezes a refeição consistia apenas de entradas. Sem um acompanhante para vigiar a minha opção, pude escolher de maneira inteligente e, digamos — um pouco excêntrica."

Muitos de nós chegamos à conclusão de que nossos encontros culinários nos permitem ser donos de nossos apetites e explorar livremente nossos próprios desejos. Não há uma outra pessoa diante de nós para questionar nossa preferência. Podemos escolher exatamente aquilo que nos dá vontade ou convém ao nosso bolso. Jantar fora não é assim tão caro, principalmente se não pedimos sobremesa nem cappuccino.

"Sou doida por sanduíches de bacon, alface e tomate", diz Stacy. "Para mim, são emocionalmente satisfatórios. E, se eu for prudente em matéria de comida durante o restante do dia, posso muito bem me dar a esse luxo."

Seja optando pelo modesto trio bacon-alface-tomate ou por um festim mais suntuoso, o presente de fazer uma refeição especial fora de casa faz parte da política de se paparicar.

TAREFA

Planeje seu encontro

Procure uma cadeira confortável. Sente-se com seu diário e faça a si mesmo as seguintes perguntas: o que eu gostaria de comer? A resposta pode surpreendê-lo. Você pode desejar um simples cheesebúrguer, um calzone ou algum exótico prato etíope. Está doido por uma determinada especiaria? Existe alguma coisa que você deseja há muito tempo provar? O que seria no seu entender uma refeição perfeita? Planeje tudo isso por escrito.

Sexta Ferramenta:

Atenção: o que devemos evitar

Os novatos na abstinência do álcool são aconselhados a se proteger de quatro situações que representam um risco para essa abstinência. Dizem-lhes repetidamente: "Atenção: não fique faminto, com muita raiva, cansado, nem solitário demais." Essas situações estressantes são os quatro inimigos que podem levar o alcoólico em recuperação a buscar alívio na bebida. Representam um risco também para os que buscam a sobriedade alimentar. Quando estamos famintos, irados, cansados demais ou sofrendo de solidão, podemos recorrer à comida como solução.

"Eu precisava aprender a me alimentar com regularidade. Quando pulava uma refeição, sentia muita fome e fazia uma orgia alimentar", relata Janet, uma cineasta que já foi gorda e perdeu bastante peso. "A fome era o grande perigo. Eu trabalhava muito além do meu limite. Assim, consumia muita comida, como combustível para o excesso de trabalho."

"Perdi tempo demais sendo 'bonzinho'", diz Benjamin, um robusto compositor. "Sempre que sentia raiva, abafava meus sentimentos com a comida. Nunca mostrava o que estava sentindo; em vez disso, comia mais uma porção de macarrão com queijo ou mais uma fatia de cheesecake. Usava a comida como consolo. Quando comecei a escrever o diário, pude expressar o que sentia, sem ter que explodir. Descobri que podia expressar minha raiva de forma calma e madura. Talvez eu já não seja tão 'bonzinho', mas estou muito mais magro."

"Isso me deixa morto de raiva", podemos escrever, em vez de comer a última fatia de cheesecake. O doce é um sedativo que amortece nossa emoção, ao passo que a raiva é uma faísca que pode servir de combustível para a criatividade. Livros, peças teatrais e óperas foram inspirados pela raiva. A arena criativa é a melhor arena onde expressar nossa raiva. A ira nos proporcionou *Guernica*, de Picasso. Deu-nos o *Doutor Jivago*, de Pasternak. Bem canalizada, a raiva é um ímã que atrai realizações criativas. Por qual motivo, então, ela goza de tão má reputação?

A maioria de nós não se sente bem com relação à própria raiva. Ensinaram-nos que a raiva é uma coisa "ruim", talvez "pouco espiritual". Esquecemos que o próprio Cristo perdeu a calma com os mercadores do templo. Sentiu raiva, e isso o moveu à ação. Levado pela raiva, agiu corretamente. Podemos fazer o mesmo. Podemos registrá-la no papel e descrever nossas emoções. Escrevemos para dizer a verdade a nós mesmos — e talvez a verdade seja o fato de estarmos zangados.

Sara, um mulher orgulhosa e bem-sucedida, foi vítima de um casamento infeliz, com um homem ciumento e competitivo. Quando ele a deixou por outra, mais jovem do que ela, Sara afundou na depressão. Passou a se entupir de sorvete, todas as noites, para abafar seus sentimentos desagradáveis. Os quilos se acumulavam sorrateiramente. Quando eu a conheci, ela estava gorda e infeliz. E seu trabalho como pintora estava bloqueado. Sugeri que, em vez de se entregar às farras alimentares, ela escrevesse — e a não ter medo de escrever sobre o ex-marido de forma amarga e irada, tal como se sentia. "Não se preocupe em escrever bem", eu lhe disse. "Escreva mal. Escreva qualquer coisa." Um tanto desconfiada no começo, Sara tentou escrever. Seu primeiro poema explodiu na página:

Este poemeto é um tributo ao meu ex.
De fato é um feitiço contra tudo que ele fez.

Por mim e por minha arte, não sentiu um pingo de amor.
E tudo que eu criava, ele não dava valor.
Sentia ciúmes e inveja de tudo que eu criava.
Ele poderia ter tentado, mas o medo o levava...
Zombando e maltratando, ele me deixou um caco.
Mas eu fui vencedora, e ele, um fraco.

Sara me telefonou entusiasmada e contente. Escrever, em vez de fazer farras alimentares, era com tomar o soro da verdade, foi o seu comentário. Ela havia passado a ver as coisas com maior clareza. O sorvete ficou esquecido, pois estava se divertindo muito com sua travessura. Será que eu estava percebendo, indagou Sara, que seu ex-marido era do tipo agressivo-passivo? Sua vida era muito melhor sem ele. Por sugestão minha, Sara adotou o seguinte sistema: Páginas Matinais ao começar o dia e pequenos poemas rápidos em seu diário sempre que sentisse a aproximação de um ataque às guloseimas.

"Sinto-me como um Picasso", ela me disse toda animada depois de alguns dias. "Estou criando arte a partir de toda e qualquer coisa." À medida que Sara expressava os sentimentos que havia abafado sob a comida, logo deixou de comer em excesso. Pelo contrário, ficou tão absorvida em seu trabalho que era eu quem tinha que lembrá-la de que precisava comer. "Criatividade *versus* negatividade" tornou-se o seu lema. Ela o pregou em uma placa ao lado do computador. Quando sentimentos, especialmente os de raiva, a atacavam, ela atacava o teclado. Uma página de cada vez, foi colocando a barreira que lhe faltava entre ela e seu ex-marido e se distanciando dele. Passou a criar arte "contra" ele e acabou descobrindo que adorava criar arte pela arte. Aqueles quilinhos em excesso começaram a sumir.

"Eu era a 'Senhorita Coração Solitário'", relembra Candace, que passava as noites na companhia da TV, com pipoca amanteigada e bolinhos para servirem de consolo. "Eu assistia a um monte de comédias românticas, mas meu peso não tinha graça nenhuma. Quando passei a evitar os quatro inimigos, vi que solidão era meu calcanhar-de-aquiles. Fiz um pacto com uma amiga: eu telefonaria para ela antes de comer qualquer coisa. Os telefonemas imediatamente aplacaram minha solidão. A pipoca amanteigada tornou-se coisa do passado."

"Todo mundo sabe que comida é combustível", afirma Judith, uma personalidade marcante que acreditava que, se o trabalho é bom, trabalhar em excesso é ainda melhor. "Eu sempre trazia trabalho do escritório para casa e, quando começava a me sentir cansada e lenta, eu tratava de me reabastecer. Minha combinação favorita era açúcar e cafeína. Comia um pacote inteiro de biscoitos de chocolate recheados, ao mesmo tempo sentindo-me virtuosa porque estava trabalhando." Para Judith, "cansaço" era o inimigo que a deixava vulnerável às farras alimentares.

Nestor, um revendedor de automóveis, usa uma analogia bem interessante. "Penso nos quatro inimigos como luzes de aviso no painel de um carro. Quando uma delas começa a piscar, está na hora de uma boa manutenção."

Uma "boa manutenção" pode ser um lanche saudável, passar um tempo anotando nossos sentimentos no diário, visitar um amigo ou ir cedo para a cama. Depois que aprendemos, como Nestor, a pensar em nosso corpo como sendo um mecanismo delicado que requer cuidados, ficamos alertas ao tipo de cuidado necessário.

"Passei a me ver como um delicado ecossistema", relata Kathleen, que é bióloga marinha. "Tenho que monitorar a mim mesma em busca dos quatro inimigos, do mesmo modo que monitoro um tanque cheio de peixes para que não se torne alcalino demais. É uma questão de equilíbrio. Tenho que checar as condições."

Para muitos de nós, estar alerta às condições depende de um despertar de consciência. Estamos acostumados a tratar mal nossos corpos. Com grande freqüência, nos permitimos chegar ao ponto de nos sentirmos famintos, furiosos, solitários e mortos de cansaço. Chegamos a achar que isso é natural. O que não passa de racionalização inconsciente. "Se você levasse a vida desagradável que eu levo, você se encheria de comida também."

A vida se torna muito menos desagradável quando decidimos enfrentar os quatro inimigos. Quando passamos a cuidar de nós mesmos como objetos preciosos, começamos a nos sentir fortes. E sentindo-nos fortes, nossa fraqueza por comida desaparece.

TAREFA

Como lidar com os quatro inimigos

Pegue a caneta. Reserve meia hora para essa tarefa. Momento para um honesto auto-exame. Descreva sua relação com cada um dos quatro inimigos. Você fica faminto? Furioso? Sente-se muito solitário? Vive exausto? Veja se algum desses inimigos — ou todos eles — funcionam para você como desencadeadores da gula. O que você pode fazer para alterar essa situação? Precisa, por exemplo, aprender a arte de tirar um cochilo? Dar um telefonema? Fazer uma oração preventiva? Muitas vezes é possível planejar no papel um novo comportamento para depois colocá-lo em prática na vida real. Talvez seja interessante conversar com seu confidente (veja o próximo capítulo) para descobrir se há indícios de que um dos quatro inimigos o está ameaçando sem que você perceba. Seu confidente pode ter notado um padrão que você não percebeu.

Sétima Ferramenta:
O confidente

"Você é bonito do jeito que é", dizem-nos com freqüência. Sobrecarregados com peso extra, entretanto, não nos *sentimos* atraentes. Podemos sentir exatamente o contrário. Ao iniciar o regime da Dieta da Escrita, nossas emoções podem estar em turbulência, e nossa auto-imagem pode flutuar enormemente. De maneira objetiva, precisamos perder "um pouco" de peso. Subjetivamente falando, essa "quantidade" pode ser demais para enfrentarmos sozinhos. Precisamos de um aliado, alguém para nos incentivar, acreditar em nós e em nosso objetivo. Esse alguém pode ser chamado de confidente.

O que é um confidente? É uma pessoa objetiva com a qual podemos ser totalmente francos. Por isso, devemos escolher com cuidado essa pessoa. Não aceite um "facilitador", alguém que lhe diga que você não precisa perder peso porque o que conta é a sua brilhante beleza interior. Também não serve um "guardião" punitivo, que considera um crime cada garfada que você engole. O que precisamos é de uma pessoa equilibrada, gentil e assim mesmo objetiva. O ideal seria consultar essa pessoa diariamente.

Escrevendo um diário, você tem um registro minucioso de tudo que ingere a cada dia. É bom compartilhar esse diário todos os dias. Isso ajuda a reconhecer as vitórias e as recaídas. É então que o confidente se torna valioso.

"Você ia muito bem até a happy hour", pode apontar seu confidente. "O que aconteceu nessa hora?"

"Recebi um desagradável telefonema de negócios e já era tarde para resolver alguma coisa", talvez se lembre você. Frustrado e amedrontado, você recorreu à comida.

"Pelo menos você não exagerou no restante do dia", pode dizer seu confidente para encorajá-lo.

"Não, foram só aqueles três punhados de castanhas. Talvez, no meu caso, elas sejam o tipo de comida que desencadeia a gula."

"É, talvez sejam. Por que não tenta se reabastecer com um tipo diferente de proteína?"

O confidente gosta de nós do jeito que somos, com todas as nossas falhas e fraquezas e, assim mesmo, apóia nosso projeto de perder peso. Às vezes, no início, é difícil ser franco com o confidente escolhido. Temos medo de contar-lhe nossa farra alimentar noturna. Nos preocupamos com seu julgamento. Tememos sua reprovação. Mas o que recebemos de fato é a objetividade.

"Então você abusou ontem à noite. E hoje, como foi até agora?"

"Muito bem, eu acho."

"Ótimo. Vamos nos concentrar no dia de hoje."

Com a ajuda do nosso confidente, não saímos dos trilhos. Ele nos faz sentir responsáveis por nossas ações. Muitas vezes nosso confidente vê coisas que não vemos, estresses ocultos que freqüentemente nos levam a comer demais. O confidente também pode inventar táticas que ajudam a dominar nossa gula — táticas como exercitar-se.

"Andou na esteira hoje?", perguntaria um confidente.

"Andei sim, é claro."

"Então ótimo. Já percebi que quando você faz exercícios não come demais. Eu até acho que se exercitar diminui seu apetite. Concorda?"

Muitas vezes esse confidente chama nossa atenção para alguns cuidados que devíamos ter conosco, mas negligenciamos. O confidente talvez pergunte: "Já fez uma faxina na geladeira para se livrar dos alimentos que desencadeiam a sua gula?" O confidente pode também perguntar: "Bebeu os dois litros de água que deve beber diariamente?"

Ocasionalmente ele é um glutão como nós. Nesses casos, as verificações são muitas vezes recíprocas. Isso gera compaixão e empatia. Ao dar atenção às dificuldades do outro, freqüentemente sentimos uma explosão de simpatia por nós mesmos.

"Seja bom consigo mesmo", podemos preveni-lo.

"O mesmo para você", ele talvez nos responda.

Em sua melhor forma, o sistema do confidente acaba sendo um processo de verificação e avaliação. Verificamos como foi nosso dia e equilibramos comida e exercício para uma vitoriosa perda de peso. Muita gente afirma que é no contato com ele que sentem uma mão amiga espiritual participando do seu programa

"Jesus disse: 'Sempre que dois ou mais de vós estiverem reunidos, eu estarei no meio'", diz Joyce. "Conversando com meu confidente, muitas vezes sinto uma sensação de perdão e de graça divina. Sinto compaixão pelas recaídas e crio esperança em um futuro melhor."

Embora muita gente consiga estabelecer um vínculo com o primeiro confidente que escolhe, outras pessoas precisam tentar algumas vezes antes de encontrar a pessoa certa.

"O primeiro confidente que escolhi era um verdadeiro nazista", graceja Joanna. "Escolhi uma pessoa muito rígida, 'perfeita' na prática do seu programa alimentar. E esperava de mim a mesma perfeição, e me cobrava todas as vezes em que eu falhava. Depois de seis meses, eu já me sentia intimidada e tiranizada. Ela jamais notava quando eu ia bem, só as minhas recaídas. Decidi que precisava de uma pessoa mais positiva. Foi então que conheci Claire. Era exatamente a pessoa que eu precisava."

Quando Joanna a conheceu, percebeu logo como era sadia a atitude de Claire em relação à comida e ao seu corpo. Claire era esbelta e atraente, estava em excelente forma. Nem gorda nem magricela, sentia-se bem com seu peso e movimentava-se com vivacidade e entusiasmo. Suas roupas lhe caíam bem, nem muito justas nem folgadas. Não escondia seu corpo, mas também não o exibia. Era uma mulher elegante.

"A primeira coisa que me impressionou nela foi sua atitude enfaticamente positiva. Ela me encorajava muito pelo que eu fazia de certo. Nos dias em que eu escorregava e comia mais do que devia, sua atitude era a de, acima de tudo, me recolocar nos trilhos, mas sem fazer com que o remorso me consumisse. Com Claire aprendi que podia recomeçar a qualquer hora. Não precisava continuar uma comilança até o final. Bastava interrompê-la. 'Me liga', ela dizia. 'Antes de começar a farra alimentar, me liga.' Levei algum tempo pra chegar a isso, mas, quando comecei, descobri que podia evitar uma comilança antes mesmo de começar. Minhas farras eram culpa da solidão, do fato de achar que eu estava sozinha contra o mundo. Claire pôs fim à minha solidão destrutiva."

TAREFA

Como escolher o confidente

Pegue uma caneta. Em uma página, descreva, da forma mais detalhada possível, o que você espera de um confidente. Quais as características que você acha que ele precisa ter? Qual é a combinação de bondade, humor, compaixão e confiabilidade que mais se adapta às suas necessidades? Alguns acham que precisam de alguém carinhoso, mas muito franco, e, com certeza, esse será o tipo certo para eles. Outros desejam uma forma de amor mais indulgente, e esse tipo também funciona. Uma vez delineado para si mesmo o que você está buscando, faça-se a seguinte pergunta: existe alguém, em meu círculo de relações, que reúna essas características? Você pode perceber imediatamente quem é o parceiro ideal para você. Nesse caso, ótimo. Ligue para essa pessoa, explique do que se trata e crie uma parceria. A outras pessoas não ocorre de imediato quem seria seu parceiro ideal. Será necessário orar, ser paciente e correr atrás. Às vezes o parceiro surge de onde menos esperamos. Marjorie criou uma parceria com um confidente mais jovem, um rapaz gay que conheceu em um curso noturno. Apesar de ser um homem e dos trinta anos de diferença entre eles, eram pessoas compatíveis, tinham o mesmo tipo de humor irônico e compartilhavam do desejo de se tornarem mais magros. E como eram ambos fanáticos por computação, achavam muito natural se consultarem por e-mail. Em pouco tempo já mantinham uma animada correspondência.

Ao escolher seu confidente, escolha alguém que esteja emocionalmente disponível, seja por telefone, pessoalmente ou por e-mail. Proximidade física é menos importante do que disponibilidade emocional. Dê preferência a alguém de quem você goste, ou que você admire. Lembre-se de que essa relação pode ser muito íntima, e é importante escolher alguém em quem possa confiar.

Parte Dois

SITUAÇÕES E SOLUÇÕES

Afinal de contas, o que é comer de forma sensata?

Sabemos mais sobre o que não é sensato comer do que sobre o que é. Sabemos, por exemplo, que duas fatias de pizza com muito recheio e um refrigerante tamanho família não são uma forma sensata de se alimentar. Sabemos que não é aconselhável devorar uma dúzia de biscoitos de chocolate, por mais saudável que seja o copo de leite que os acompanha. Sabemos que frango frito com batatas fritas é uma delícia, mas altamente calórico. Sabemos que uma generosa porção de torta vai se transformar em alguns centímetros a mais em nossos quadris.

Alguns de nós sabemos o que funciona para nós. Sabemos que os Vigilantes do Peso dá certo para nós, ou que a dieta de South Beach é uma boa opção para nós. Outras pessoas não sabem, e uma das situações mais desagradáveis é aquela em que não sabemos por onde começar. Não sou nutricionista, mas já trabalhei com uma nutricionista, Sara Ryba, uma respeitada especialista em controle de peso. Ela acredita em um método que denominou Dieta da Comida Simples e Saudável. Esse método funcionou para mim e pode servir ao leitor como ponto de partida.

O que é comida simples e saudável? Parece uma coisa boa, e tenho o prazer de dizer-lhes que é saborosa também. O melhor da

Dieta da Comida Simples e Saudável é que se trata simplesmente de comer com bom senso, não é nada radical nem muito rígida. É possível comer sem engordar, simplesmente comendo com moderação. Não é preciso pesar e medir o que se come, mas é preciso estar atento às quantidades ou porções que ingerimos. É necessário deixar de lado as farras alimentares que incluem os brancos mortíferos — açúcar, farinha, amidos. Deve-se começar a beber água, muita e muita água — pelo menos oito copos de 250 ml por dia. Aconselham-se três refeições diárias e dois lanches moderados. E que tudo isso seja pobre em calorias, mas não exageradamente pobre. A comida, para ser simples e saudável, deve ser comida da forma mais próxima possível do seu estado natural (é bom lembrar que quanto mais industrializado for um alimento, mais ele engorda). Comida em estado natural quer dizer frutas e legumes frescos, laticínios desnatados, proteínas magras e grãos integrais. Se 90% do que você come se enquadra nesse modelo de comida simples e saudável, sua alimentação resultará na perda de peso e em uma saúde excelente.

UM DIA DE COMIDA SIMPLES E SAUDÁVEL

Café-da-manhã: chá ou café com leite, meia xícara de iogurte ou ricota com uma xícara de morangos, amoras ou framboesas — ou então uma vitamina de iogurte batido com uma dessas frutas e adoçante à base de sucralose.

Lanche: 10 amêndoas ou duas fatias de queijo magro, uma barra de cereais de baixa caloria ou talos de aipo.

Almoço: 100 gramas de proteína magra com duas xícaras de salada verde (o molho deve ser à base de azeite e não conter açúcar). Uma boa sugestão para esse almoço é a salada niçoise: 100 gramas de atum enlatado em água, 1/2 pimentão picado, 1/4 de xícara de cebola roxa em rodelas, um tomate médio fatiado e duas colheres de molho vinagrete de baixo teor de gordura.

Lanche: uma maçã com 10 gramas de queijo, ou um quadrado de queijo do tipo Polenguinho, ou uma xícara de sopa de legumes.

Jantar: 100 gramas de proteína magra — pode ser frango grelhado ou salmão — com três xícaras de legumes cozidos em azeite, e 1/2 xícara de arroz integral.

Sobremesa: um cappuccino descafeinado com leite desnatado e adoçante e gelatina diet ou ricota batida com frutas, uma sobremesa favorita na dieta de South Beach.

A Dieta da Comida Simples e Saudável precisa de ajustes. Alguns organismos metabolizam melhor do que outros os grãos e laticínios. Em geral, quanto maior a sua massa muscular, mais você pode comer. O metabolismo depende da genética e da sorte, mas existe um meio para modificar o metabolismo: exercício. Atletas podem comer uma quantidade invejável, mas trabalham duro e perdem essas calorias. Para a maioria de nós, basta comer um pouco menos e fazer um pouco mais de exercício para perder peso gradualmente.

Uma regra básica é aquela que diz que, se você ainda estiver com fome, você precisa de mais comida. Se estiver satisfeito, é hora de parar. Se não tiver certeza, é bom escrever a respeito. Muitos de nós estamos sujeitos ao fenômeno conhecido como falsa sensação de fome, e é preciso algum treino para saber distinguir. Nesse ponto, as quatro perguntas podem ser muito úteis. E é quando o diário mostra seu valor. Lembre-se, a proposta é escrever para atingir o tamanho ideal.

TAREFA

Qual a maneira correta de comer?

Sua alimentação se aproxima do ideal simples e saudável? Trocando em miúdos, trata-se de poucos carboidratos, baixos teores de gordura, nenhum açúcar refinado e um controle cuidadoso das quantidades ingeridas. Três refeições ao dia mais dois lanches simples e saudáveis devem ser suficientes para que você não sinta privação. É um plano que funciona para muita gente, mas pode não ser o seu preferido. Se você está lendo esse livro, há uma grande possibilidade de que você seja um veterano em dietas. Vamos dar uma olhada no que você aprendeu com a experiência.

Você sabe qual plano funciona melhor para você? Talvez você tenha abandonado um determinado tipo de dieta que dava certo quando você o punha em prática. Com a ajuda das ferramentas do Escreva e Emagreça, talvez você retorne a esse plano que era tiro e queda para você. O que você descobrir através do processo de escrever pode lhe mostrar exatamente como e por que sabotou a si mesmo. Talvez você possa deixar de lado a sabotagem. Por outro lado, pode concluir que a dieta que tentou adotar não era a dieta certa para você. Por exemplo: os Vigilantes do Peso classificam as pessoas em dois grupos, segundo seu temperamento, e dão aos seus membros a escolha entre contar pontos ou ingerir apenas o que consta de uma lista de alimentos considerados saudáveis. Uma pessoa que se adapta bem ao sistema de pontos não obtém os mesmos bons resultados alimentando-se segundo a lista, e vice-versa. Você certamente tem o autoconhecimento necessário para saber qual é a sua praia e o que não combina com sua personalidade.

Com a caneta na mão, pergunte a si mesmo como foram as suas experiências passadas com dietas. Sem se julgar, tente avaliar como as diferentes dietas agem sobre você. Existe algum alimento ou grupo de alimentos dos quais não admite abrir mão, apesar de sua evidente toxicidade? Talvez você precise de um período de desintoxicação para manter essa substância sob controle. Isso é possível.

Tem idéia de quais são suas falhas em relação aos alimentos que limpam o organismo? É uma questão de quantidade?

Ou são os alimentos errados? Escreva sobre tudo isso. Trata-se de um exercício exploratório para investigar o quanto você já sabe a respeito de si mesmo e de seus padrões alimentares. Há muito mais coisa do que você imagina. Para ser mais objetivo, tente escrever sobre si mesmo na terceira pessoa: "Ela obteve muito sucesso com a dieta do dr. Atkins, mas seu colesterol foi às alturas..." "Ela se deu bem com os Vigilantes do Peso, até que começou a se exercitar com pesos. Então precisava ingerir mais pontos do que os permitidos."

O breve esboço que fez de si mesmo como seguidor de dietas fornecerá dados suficientes que lhe permitirão escolher o método que lhe é mais adequado. Muitas vezes a mudança de percepção, conseqüência do uso das ferramentas, é suficiente para causar uma perda de peso, antes mesmo de ser adotado um método formal de dieta. À medida que você se torna mais consciente em relação a si mesmo, seus hábitos alimentares melhoram naturalmente. Talvez seja bom compartilhar com seu confidente tudo o que descobriu utilizando essa ferramenta.

Ataque às guloseimas

No meu entender, os ataques às guloseimas se parecem muito com os filmes B: tudo está indo muito bem, quando, de repente, saído das sombras, ELA aparece. O "ela", no ataque às guloseimas, é a voz sinistra que sugere que não vai fazer mal algum provar "só um pouquinho". Mas um pouquinho do quê? Sorvete? Tacos? Biscoitinhos feitos em casa? Se nos perguntarem quais são os nossos venenos, quase todos nós saberemos dizer exatamente o que não devemos ter em casa. No meu caso, é torta de cerejas. Para minha irmã, são as castanhas.

"Eu dizia para mim mesma que castanhas são saudáveis", diz Claire. "Talvez comer só algumas até seja mesmo saudável, mas eu nunca me contentava com algumas. Eu era capaz de comer punhados e punhados de amêndoas, amendoins ou castanhas de caju. Alimentos desse tipo com certeza possuem muitos nutrientes saudáveis, mas contêm muitas calorias. Finalmente eu disse a mim mesma: não às nozes!"

"Sorvete faz bem", dizia Monty para si mesmo. "Contém mais leite do que açúcar." Todas as noites, ele dizia a si mesmo que uma colherada de sorvete combinava muito bem com o noticiário noturno. "Mas as notícias eram a cada dia piores, e as colheradas ficavam maiores." Assim como a cintura de Monty.

Natalie, uma vegetariana, acreditava sinceramente que as tortilhas com guacamole (uma pasta de abacate com tomate e coentro) eram um lanche saudável. Orgulhava-se por não comer comida industrializada e só usava em seus lanches tortilhas feitas com um tipo de milho especial. E ficou surpresa por, apesar de seus virtuosos hábitos alimentares, ter que usar roupa dois tamanhos acima do usual. "Acho que meu problema é beliscar muito durante o dia", ela admitiu.

Os ataques às guloseimas fingem ser inofensivos. Abusam da nossa tendência à racionalização: "Você andou de bicicleta hoje, pode se dar ao luxo de batatas chip." Os ataques acontecem quando estamos entediados ou quando estamos diante de um sentimento que preferimos não enfrentar. Vamos em busca de guloseimas quando estamos com fome, zangados, solitários ou cansados, mas também fazemos o mesmo quando estamos tristes, alegres, animados — a qualquer hora, sempre que uma emoção nos pega desprevenidos.

Michael recorria aos lanches quando estava sozinho, tarde da noite. Depois de um dia primoroso e cercado de gente, no caminho para casa fazia uma parada para comer um cheesebúrguer triplo. "Era como um assalto a cada noite. Cada ataque às guloseimas me pegava de surpresa. No dia seguinte, eu me sentia de ressaca, tal como se tivesse caído na bebedeira."

Para alguns de nós, o álcool constitui abuso. "Eu economizava nos pontos dos Vigilantes do Peso só para poder tomar um trago à noite", diz Mandy. "Mas acabava tomando dois. Não conseguia de forma alguma passar um dia sem uns dois drinques."

O que fazer quando desafiados a um ataque às guloseimas? Em vez de ceder, podemos adotar uma nova atitude, mais madura. Podemos recorrer às quatro perguntas: "Estou com fome? É isso mesmo que eu quero comer? É isso o que eu quero comer agora? Há alguma outra coisa que eu possa comer em substituição?" Ou podemos recorrer ao diário e perguntar a nós mesmos: "O que eu estou querendo expressar?" Podemos recorrer também a uma Força Superior, conforme a crença de cada um, e orar. "Por favor, ajude-me neste momento."

Agatha, uma jovem compositora, percebeu que muitas vezes comia só para evitar a próxima ação criativa. E descobriu que as orações lhe mostravam como seguir em frente e agir da maneira certa. "Eu tinha que fazer o arranjo para uma canção, mas, em vez disso, começava a fantasiar sobre os biscoitos amanteigados de amendoim. Se comesse os biscoitos, me esquecia inteiramente da canção. Se rezasse, eu me esquecia dos biscoitos. Sentia-me no comando, tanto na questão da canção quanto na dos biscoitos. Quando concentro minha atenção naquilo em que deveria — no caso, compor música —, a questão da comida assume seu verdadeiro lugar. Deixo de me preocupar com ela."

"Eu comia em vez de viver", afirma Fred, um comedor compulsivo em recuperação. "Eu não só abafava meus sentimentos como também bloqueava minhas ações. Por exemplo, eu tinha algo urgente para fazer, digamos, dar um telefonema desagradável. Primeiro eu comia alguma coisa, e a comida acabava tomando o lugar do que eu tinha que fazer. Depois de um Big Mac, o telefonema não parecia tão urgente assim."

Glenda, uma romancista, relata que sua prosa fluente é resultado da sobriedade com relação à comida. "Tive que aprender a escrever em vez de comer", ela conta. "Percebi que, quando eu exagerava na comida, não só bloqueava meus sentimentos como também bloqueava os sentimentos das minhas personagens."

Não se deixem enganar. Ataques às guloseimas são terríveis. Eles fazem aumentar não só nosso peso físico como também o peso psíquico. Para fugir à conversa difícil que precisamos ter com nosso cônjuge, buscamos compreensão na geladeira. À medida que os quilos se acumulam, acumulam-se também os ressentimentos. Deixamos muita coisa por dizer, inclusive quando nosso par nos faz aquela perguntinha suspeita: "Está com raiva de quê?"

Ataques às guloseimas são uma barreira contra a intimidade — e não apenas em relação ao nosso par. Algumas mães dizem que sofrem um ataque às guloseimas na hora em que os filhos chegam da escola precisando fazer um contato emocional e conversar sobre os acontecimentos do dia. "Na mesma hora eu me sentia faminta", relata Carrie. "Preparava pasta de amendoim e geléia para as crianças e para mim."

Para os que bebem, o happy hour é um ataque às guloseimas em forma líquida.

"Meu marido e eu compartilhávamos coquetéis e as notícias do dia", relembra Jane. "Era nosso ritual noturno para ficarmos um pouco altos enquanto trocávamos as novidades do dia."

Chapados após um barato de açúcar e altos devido a bebidas fortes, o ataque às guloseimas nos deixa emocionalmente incapazes. A vida se passa em meio a uma névoa. Desligamo-nos de nós mesmos e também do próximo.

No caso de Maggie, os ataques aconteciam toda noite na hora de ir para a cama. "Quando meu marido queria sexo, eu só pensava em pizza", ela confessa. "E depois de uma pizza, quem está interessado em sexo?"

Sugeri a Maggie que talvez fosse bom para ela trabalhar as quatro perguntas. A primeira pergunta foi o bastante para fazê-la cair na real. Maggie descobriu que não sentia fome alguma — simplesmente não se sentia segura quanto ao seu desempenho sexual. "Eu vinha ganhando peso desde o nascimento do nosso segundo filho. Quando deixei de lado a pizza e os lanches, descobri novamente meu apetite sexual. Meu marido adorou."

Para muitos comedores compulsivos, ataques às guloseimas servem como substituto do sexo. Para muitíssimos de nós, comida é amor, até amor sexual. Karl, um atraente rapaz gay, acumulou 23 quilos extras e deu início, o que não é apenas uma coincidência, a um prolongado período de abstinência sexual. "Comida era o meu parceiro", diz ele atualmente. "Comida preenchia minha necessidade de intimidade. Todas as noites eu preparava uma tigela enorme de pipoca amanteigada ou comprava um pacote de tacos. E assistia a um filme e conversava com a tela."

No início, a recuperação de Karl se deu de forma intermitente. Havia dias em que ele escrevia suas Páginas Matinais e trabalhava as quatro perguntas, e em outros dias abusava da comida. "Eu vivia sabotando a mim mesmo", diz ele. "Simplesmente não estava pronto para enfrentar minhas emoções turbulentas. Na verdade, o que eu desejava era um parceiro amoroso e comprometido, mas acreditava que jamais conseguiria."

Depois de meses nesse vaivém, Karl esforçou-se em se conscientizar sobre seus hábitos alimentares e tudo mais em sua vida. Um dia de cada vez, uma frase por vez, tudo se tornou claro e, com isso, os quilos em excesso começaram a desaparecer. "Ainda sou gordinho", disse ele no anúncio que colocou em um site de relacionamentos na internet. Essa franqueza chamou a atenção de um interessado, que logo se tornou seu parceiro e companheiro.

Para muitos de nós, como para Karl, demora algum tempo para levarmos a sério o programa. Mesmo reconhecendo, em princípio, que recuperação criativa é uma realidade, continuamos preferindo cometer excessos alimentares a ter que encarar a nós mesmos no papel. Enquanto não nos comprometemos a sério — compromisso com a vigilância —, haverá retornos dos ataques às guloseimas. Vamos muito bem "até que..."

"Eu costumava me manter consciente apenas a metade do tempo", diz Jeannie, que sucumbia rotineiramente aos ataques às guloseimas. "Pouco a pouco, com a prática das Páginas Matinais, com o diário e as quatro perguntas, me tornei mais atenta. Agora é raro um ataque me pegar desprevenida."

TAREFA

Ataque o ataque às guloseimas

Pegue a caneta. Descreva como são os seus ataques às guloseimas. A que horas acontecem? Há um padrão recorrente? Há um tipo de emoção que desencadeia os ataques? O que você faz para compensar o ataque, depois que ele termina? Toma um laxante? Exagera nos exercícios? Passa fome, negando a si mesmo o "luxo" de uma refeição normal? Repito mais uma vez, compartilhe suas conclusões com seu confidente.

A primeira mordida: Alimentos que desencadeiam a gula

As ferramentas do Escreva e Emagreça nos fazem conscientes dos nossos padrões de comportamento em geral e, particularmente, da nossa atitude em relação à comida. Muitos de nós chegamos à conclusão de que temos uma arraigada atitude de negação quando se trata de lidar com ataques às guloseimas. "Que mal pode fazer só uma beliscada?", dizemos a nós mesmos. Não queremos ou somos incapazes de aceitar o fato de que é a primeira mordida que nos conduz ao abuso. Alcoólatras em recuperação aprendem que é o primeiro gole que leva à bebedeira. Não têm que se preocupar com o segundo ou com o sétimo drinque. Têm que evitar apenas aquele primeiro gole, e tudo estará salvo e a sanidade garantida. O mesmo podemos dizer do comedor compulsivo. Alguns alimentos agem sobre nós como o álcool. Conduzem ao excesso. Não podemos simplesmente comê-los sem correr um risco. São alimentos que desencadeiam a gula.

"Qualquer alimento branco", é como Helen classifica os alimentos que desencadeiam sua gula. "Açúcar, farinha refinada, pão, massas, batata."

"Tudo que for muito salgado", depõe Bernice, que não pode comer a primeira batatinha sem correr um risco.

"No meu caso são os alimentos gordurosos", diz Eleanor. "Parece horrível, mas simplesmente sou fissurada por gordura. Mostre-me alguma coisa frita e não consigo parar de comer — batatas fritas, camarões fritos, frango frito bem crocante... Um pedacinho só e lá vem o abuso."

"Aprendi que não posso ter em casa certos tipos de alimento", afirma Jackie. "O primeiro caramelo me leva a comer um pacote inteiro de caramelos. A primeira colherada de Nutella me faz comer o pote inteiro."

"Acho que é mais fácil para os alcoólatras", especula Mark. "Afinal, um alcoólatra pode parar de beber. Um comedor compulsivo terá que comer de alguma forma."

Sim, temos que comer, mas sobre o que comemos, e como comemos, podemos ser conscientizados. Podemos aprender comportamentos alimentares saudáveis e, por meio da escrita, podemos ensinar a nós mesmos como fazê-lo. As Páginas Matinais nos dão um panorama geral do nosso dia. Percebemos os estresses que podem nos fazer exagerar na comida. Durante o dia, escrever o diário nos ajuda a desarmar cada ataque às guloseimas. As quatro perguntas nos orientam quanto a escolhas mais saudáveis. Aprendemos a distinguir e a evitar os alimentos que desencadeiam nossa gula. Muitas vezes, com a ajuda de uma oração dita às pressas, adquirimos forças para resistir à primeira mordida.

"No meu caso era macarrão com queijo", diz Sheila. "Eu o chamava de minha comida consolo, mas não me sentia muito consolada depois de comer em excesso."

"Batatas fritas não industrializadas eram os meus desencadeadores da gula", relembra Arthur. "Uma omelete me parecia nua sem elas. A primeira vez que eu disse para o garçom 'Sem batatas fritas', pensei que fosse morrer. Desde então aprendi a pedir um acompanhamento composto de algo 'permitido', como espinafre ou alface com tomate. Já não me sinto tão privado e agora confesso para meu parceiro o meu peso. Por mais de um ano, esse foi meu segredo profundo e obscuro."

TAREFA

O segredo profundo e obscuro

A maioria de nós guarda segredos relativos à nossa compulsão. Alguns de nós já jogamos comida fora — para em seguida ir ao lixo recuperá-la. Há quem cometa exageros e depois recorra a um laxante, ou provoque o vômito, obrigando-se a devolver a comida que devorou. Pegue a caneta e relate seu maior segredo relativo à comida. Você come massa crua de biscoitos? Você detona um pote inteiro de sorvete? Você é viciado em enormes tigelas de pipoca amanteigada? Ou será que é louco por balas? Ou barras de chocolate? Anote todos os detalhes no seu diário. Como você agiu e como isso o fez sentir-se? Escreva. Comente suas conclusões com seu confidente.

Angela conta como eram suas farras com Nutella. "Eu começava com algumas colheradas. Depois dizia 'tenho que jogar isso fora'. Jogava a Nutella na lata de lixo da cozinha e ia para o quarto. Poucos minutos depois, lá estava eu de volta à cozinha, remexendo no lixo. 'Melhor jogar fora de vez', eu pensava. Então levava o lixo para o depósito de lixo no corredor do prédio. E poucos minutos depois lá estava eu de novo, comendo a Nutella do lixo. Acho que Nutella é uma das substâncias que mais criam dependência. Tenho que entender que, se eu comprar um pote de Nutella, com certeza vou comer tudinho. Depois que criei coragem de relatar por escrito esse segredo, e de contar a outra pessoa o que se passava comigo, descobri que não era a única atacada pela maldição da Nutella."

Ocasiões especiais

Durante minha infância, o Natal em nossa casa começava em outubro. Era quando minha mãe começava a assar — e a congelar — os petiscos especiais que caracterizam essa festa. Ela fazia caçarolas e mais caçarolas de doce de leite caramelizado. Fazia biscoitos doces e barras de caramelo. Tortas de amêndoas e bolos recheados com tâmaras. A cada dia, ao chegar da escola, eu sentia ao entrar, flutuando pela casa, o cheiro de alguma iguaria recém-saída do forno.

Minha mãe tinha menus para todas as datas especiais, e não apenas para o Natal. O Dia de Ação de Graças, por exemplo. Havia peru com todos os acompanhamentos tradicionais e molhos dos mais variados tipos. Também a Páscoa, halloween, ano-novo, o Quatro de Julho, tinham todos suas iguarias especiais. Comida significava "feriado" e "comemoração". Cresci cercada por uma rica tradição culinária. Hoje em dia, adulta, morando em Manhattan e não no interior, percebo que comida ainda assinala os dias especiais — só que o número e a diversidade de ocasiões vêm se multiplicando. Tenho amigos que comemoram o Hanuca com panquecas de batata e sonhos, e amigos que comem porco assado em honra ao festival druida de Beltane.

"É a comida que faz a festa", afirma minha amiga Linda. "Comida nos fala de tradições, continuidade e família. E não me venha com essas modernas panquecas de batata light. Têm que ser panquecas de verdade."

Em outras palavras, comida é um assunto político, e não comer certas comidas especiais é visto como um ato de traição. "Ora, certamente você pode aceitar um pouquinho!", insistem, ofendidas, as quituteiras da família. Muitas vezes, depois disso, aceitamos um pouquinho, e muitos outros pouquinhos em seguida. Afinal de contas, desejamos "fazer parte", e comida significa fazer parte do grupo.

"Servir-se apenas uma vez não era o suficiente. Na minha família, esperava-se que você se servisse uma segunda e até mesmo uma terceira vez", relata Rachel. "Em cada um dos feriados principais, eu podia me preparar para engordar uns 5 quilos." Quando Rachel iniciava uma "dieta rigorosa", ficava obcecada, com semanas de antecedência, ao ver aproximar-se mais um feriado. "Eu tinha certeza de que todo o meu esforço seria perdido — e sempre era."

"Minha mãe vigiava cada porção que eu comia — e as que eu deixava de comer", nos diz Marc. "Ela ficava mortalmente ofendida se eu deixasse de comer alguma de suas especialidades. 'Não vai provar nem um pouquinho?', lamentava-se ela, como se tivesse recebido uma punhalada no coração."

"Minha mãe era a pior cozinheira de Kalamazoo, Michigan", lembra-se Gerry. "Mesmo assim, esperava que nos deliciássemos." Gerry tem más recordações de quando comia demais, mas eram comidas ruins. Não é surpresa o fato de Gerry ter-se tornado um chef gourmet que adora cozinhar para os colegas nova-iorquinos. "E tento não obrigar ninguém a comer."

Mas, para muitos de nós, as ocasiões que meu irmão jocosamente chama de "grandes eventos de família" não têm a menor graça. Se comida fosse sinônimo de amor, nos sentiríamos rejeitados e negligenciados ao tentar cumprir uma dieta entre pessoas que jantam alegremente — mas descobrimos que, se escrevêssemos sobre isso e criássemos uma estratégia, poderíamos encontrar uma atitude que resolveria a questão para nós.

Antecipando o próximo feriado, você pode descrever em seu diário o menu tradicional da família e escolher, entre as iguarias, as que lhe são menos ameaçadoras. Se, ao entrar na sala de jantar, já estiver determinado quais são os alimentos que não funcionam para você como desencadeadores da gula, você estará preparado para enfrentar o jogo. A maioria das famílias oferece alguns itens saudáveis escondidos entre as tentações. Você pode comer uma porção dupla de vagens, servir-se de meia xícara de arroz selvagem ou batata doce, abster-se da gelatina com creme e degustar algumas carnes. É possível montar um prato se você escolher cuidadosamente.

TAREFA

Faça com que as festas de família voltem a ter gosto de comemoração

Pegue a caneta. Reserve meia hora e escreva o que você pensa a respeito das festas que se aproximam. Quais as emoções que vêm à tona? Você fica com raiva? Apreensivo? Animado? Como você se relaciona com as pessoas que estarão presentes à ocasião? Existem emoções ocultas que você precisa destrinchar?

Terry, por exemplo, tinha que enfrentar as perguntas sobre o motivo pelo qual não havia se casado ainda. A resposta: ela era lésbica, mas a família não aceitava essa realidade. Nas festas de família, ela comia demais como defesa contra a campanha familiar para que se tornasse diferente do que realmente era. Com papel e caneta, Terry examinou — e detonou — a dinâmica de sua família. Reduziu a mensagem familiar ao que essa realmente significava: "O que quer que eu seja, não é bom o bastante." Sugeri-lhe que invertesse a mensagem venenosa e escrevesse uma frase afirmativa, que deveria repetir para si mesma antes, durante e depois da festa: "O que sou é bom o bastante."

Existe alguma mensagem familiar negativa que você é obrigado a engolir junto com a comida? É possível invertê-la e transformá-la em uma mensagem afirmativa? Existe algum meio pelo qual você possa desarmar a dinâmica familiar? Talvez seja eficaz debater essa estratégia com seu confidente.

Ressaca alimentar

Ontem à noite sofri uma recaída. Saí para jantar com minha filha, Domenica, e com Emma Lively, minha colaboradora em assuntos musicais. Estávamos comendo uma refeição simples e saudável e nos sentindo muito contentes com isso, até que Domenica disse que gostaria de um pouco de sobremesa. O comentário pareceu tão inocente! Ela não disse: "Vamos cair na farra." Foi mais do tipo "vamos provar um pedacinho". Mas, um pedacinho de quê? Domenica escolheu algo que se chamava Cantata de Café à Scarlett O'Hara. Tratava-se de sorvete de café, amoras frescas e calda quente de chocolate. O garçom trouxe a iguaria com uma colher para cada uma de nós. Pensei, lá no fundo: "isto é uma burrice", e ataquei. Uma colherada levou a outra, e mais outra em seguida. O sorvete estava delicioso. Idem as amoras e a calda quente. Acabei comendo mais do que a parte que me cabia. O açúcar atingiu meu organismo como um choque. O que eu estava fazendo?

O que estava acontecendo era que eu estava tendo uma recaída. Antes que o sundae chegasse ao final, senti que meu QI baixava alguns pontos. Não me sentia propriamente chapada, mas sim tonta — como se alguém tivesse golpeado minha cabeça com um martelo. Supostamente eu deveria dar uma aula — mas ensinar o quê? O que eu havia planejado para a aula daquela noite já não estava claro na minha cabeça. Por mais que tentasse, não conseguia me concentrar e pensar com clareza. Sentia-me como se tivesse tomado dois drinques de alguma bebida muito forte.

— Mamãe, você está bem? — perguntou minha filha.

— Não, não está — declarou Emma.

— Estou ótima — protestei, mas eu não estava ótima, muito pelo contrário, e fiz uma oração de amparo pela besteira que havia feito.

Não sei se por inspiração ou desespero, procurei um caderninho na pasta e comecei a rabiscar anotações para mim mesma a respeito do assunto que estaria em pauta na aula daquela noite. Minha letra saiu toda torta. Meus rabiscos pareciam bêbados. Deus teria que dar a aula em meu lugar.

— Escrevam meu nome na sua lista de orações — implorei a Emma e a Domenica. — Comer uma coisa dessas caiu mal mesmo.

No táxi, a caminho do local onde eu devia dar a aula, senti-me ao mesmo tempo sonolenta e um pouco tonta. Cautelosamente apoiei os pés no meio-fio. Uma vez dentro do prédio, fui direto para a sala de aula e escrevi algumas anotações no quadro à frente da sala. Notei mais uma vez que minha escrita parecia torta. Será mesmo?

As duas horas que durou a aula transcorreram no piloto automático. Eu sentia um tipo de medo reprimido — provavelmente igual ao que sentia um veterano do Vietnã depois de fumar um baseado antes de sair em patrulha. "Aos tolos e aos borrachos, Deus põe a mão por baixo", sempre ouvi dizer, e acho que eu me enquadrava em ambas as categorias. Quando a aula chegou ao final, mal pude esperar para entrar em um táxi e ir para casa.

O sono não veio de maneira tranqüila: me atacou e apaguei de vez. Dormi cerca de dez horas, atormentada por sonhos violentos. Quando acordei, tinha a boca seca e minha cabeça latejava. Sem ter bebido um gota de álcool, tive uma ressaca daquelas.

TAREFA

Pegue caneta e papel e reproduza para si mesmo exatamente o que sentiu — e as circunstâncias em que aconteceu — na sua última recaída. Você também ficou de ressaca? O que você sofreu valeu ter comido o que comeu? Alguma emoção bloqueada o levou a comer, ou a comilança partiu do nada, como a minha?

Muitas vezes, ao descrever a recaída por escrito vemos que o "nada" foi na realidade "alguma coisa". Ao refletir sobre minha recaída, percebi que não havia levado em conta os quatro inimigos. Eu estava, ao mesmo tempo, com muita fome e cansada — durante a semana havia feito uma viagem relâmpago a Wyoming e ainda estava sofrendo por conta da diferença de fusos horários. Além do mais, estava aborrecida com alguns dos meus alunos prediletos que estavam faltando às aulas noturnas. Qualquer uma dessas circunstâncias seria suficiente para me deixar vulnerável a uma recaída. E foi o que me aconteceu.

Quando sofremos uma recaída, temos que nos levantar e recomeçar. Precisamos ter compaixão por nós mesmos. "Calma", devemos dizer. "Tente outra vez." A primeira coisa a fazer depois de uma recaída é perdoar a si mesmo — e reconhecer que recaídas acontecem a todos nós.

Conheço uma atleta profissional, de 1,70 m de altura, que usa manequim 38, cuja última recaída consistiu em comer uma pizza inteira seguida por um bolinho inteiro. Ela tem recaídas freqüentes? Não. Exercita-se muitas horas por semana na academia? Sim. Acabou dando tudo certo para ela? Sim e não. Alertada quanto ao perigo que corria, voltou imediatamente a uma alimentação simples e saudável e aumentou o ritmo dos exercícios. No entanto, como eu, ela sofreu de ressaca física e psicológica. Se olharmos para ela, ela parece perfeita. Mas nenhum de nós é perfeito.

Como identificar seu padrão alimentar

"Eu nunca cometo excessos", jurou-me Carol. "Nunca como demais e não mereço ser gorda — por que eu sou?" Sugeri-lhe que tentasse manter um diário, no qual anotaria o que comesse. Ela seguiu meu conselho e logo teve uma resposta à sua pergunta. Não, ela não era dada a comilanças. Não, ela não comia em excesso. Mas comia sem parar. Ela trabalhava em casa e, periodicamente, ao longo do dia, ia dar "uma espiada" na geladeira, e geralmente escolhia um petisco — nada muito calórico, mas suas lambiscadas iam se somando. Umas 150 calorias aqui, umas 150 calorias ali — em pouco tempo ela havia ingerido o equivalente a uma boa fatia de cheesecake. O padrão alimentar de Carol é aquele que eu chamo de "pastar". Como uma vaquinha, ela come constantemente. Não é de espantar que ela tenha alguns quilos a mais.

Gloria é uma ótima atleta, mas é dada a comilanças. Muitas vezes passa fome até o final da tarde e, de repente, consome grande quantidade de alimentos altamente calóricos. "Não comi nada pela manhã, não almocei", ela racionaliza. "Mereço comer o que eu quiser agora." Os hábitos alimentares de Gloria são realmente muito ruins. Seu corpo oscila constantemente entre caloria nenhuma e calorias demais. Psicologicamente, seus altos e baixos imitam seu consumo de alimentos. Ela corre com o estômago vazio, com sentimentos de solidão e estresse. Então come em excesso, o que lhe traz sentimentos de desespero e autodepreciação. "Sei que eu deveria tentar me alimentar mais regularmente, mas ainda não adquiri esse hábito. Às vezes tenho a impressão de que passo muito bem com uma dieta de açúcar e cafeína. Adoro fazer bolos e tortas e adoro provar o que estou fazendo. Sei que isso não é muito saudável, mas não sinto ânimo para comer durante o dia. Acho que sou do tipo que é dado a excessos, sujeita a extremos e incapaz de adotar uma saudável moderação." O que torna o caso de Gloria mais difícil e mais ambíguo para si mesma é o fato de que ela apresenta um peso aceitável. Deseja perder dois quilos, mas sua aparência é ótima exatamente do jeito que é, e isso desestimula suas tentativas de seguir uma dieta, embora tenha convencido a si mesma de que precisa fazê-lo.

Caitlin pertence ao tipo que chamo "lambiscador". Ela se alimenta bem e cuidadosamente, depois se concede o prêmio de um lanche altamente calórico que mina todo seu esforço. "É como se minha virtude fosse de curta duração", ela se queixa. "Comporto-me bem no café-da-manhã e no almoço, mas no final da tarde digo a mim mesma que preciso fazer um bom lanche 'para estabilizar os níveis de açúcar no sangue'. O problema é que os lanches que escolho são ricos em calorias e pobres em energia. Dou preferência a alimentos à base de açúcar refinado e farináceos — os famosos *donuts*, bolos e biscoitos. Sei que deveria comer um pedaço de fruta ou um iogurte, mas, em vez disso, presenteio-me com algo proibido." O peso de Caitlin está uns bons 7 quilos acima do ideal. Embora não pense em si mesma como autodestrutiva, é exatamente isso que ela é. "Veja só o que aconteceu ontem", diz ela. "Decidi ser mais virtuosa do que o normal e comer proteínas no final da tarde. Eu sabia que uma pequena porção de castanhas era o ideal, então preparei um sanduíche de creme de amendoim com geléia. Comi a castanha — o amendoim —, mas o pão e a geléia vieram junto, tirando meu apetite na hora do jantar, o que me levou a sentir necessidade de um lanche mais tarde. Sei que devo me alimentar de forma mais regular se pretendo aprender a comer corretamente."

"Não digo que tenho o hábito de comer açúcar; seria mais correto dizer que açúcar é o meu estilo de vida", declara Jean, cujo "estilo de vida" consiste em Coca-Cola pela manhã e cereais açucarados no almoço. "Compro sacos de balas, mas como uma só de cada vez. Não sou uma gorda grotesca, mas também não posso dizer que sou magra. O que eu sou, na verdade, é pálida e pastosa. Falta-me um brilho saudável, o que não é nenhuma surpresa. Pelos meus lábios não passa coisa alguma que se possa considerar saudável." Jean é uma comedora abusiva. Embora sua ingestão de calorias não seja alta demais, seu consumo de açúcar está além dos limites admissíveis. Irritada e com os nervos à flor da pele, Jean possui muita energia, mas raramente se exercita. Como conseqüência de seus maus hábitos, parece dez anos mais velha do que sua idade real. E sente-se dez anos mais velha também, atormentada por várias dores, tem um sono agitado e um apetite cheio de caprichos. Dá preferência a açúcares e alimentos adocicados. Jean não percebe que sua exagerada ingestão de açúcar deixa seus nervos a ponto de explodir. Pelo contrário, devora mais uma bala e diz a si mesma que precisa de muita energia para continuar funcionando. Jean pertence ao tipo que vive "beliscando" comida e subsiste à custa de pequenas quantidades de alimentos ricos em calorias.

TAREFA

Qual é o seu tipo?

Você pode ter se reconhecido em algum dos curtos relatos anteriores ou pode seguir um padrão alimentar tipicamente seu, que não tenha sido descrito. Marilyn se empanturra de alimentos altamente protéicos e raramente ingere fibras. Uma bulímica em recuperação, ela acredita que melhorou, já que não comete mais excessos seguidos de laxantes. Entretanto, seria mais saudável se ela incluísse em seu regime verduras frescas. Kathy troca a comida por cafeína. Vive de café, e sempre que seu corpo avisa que está com fome ela se encharca de cafeína. "Eu vivo de café", ela ri nervosamente. Ela faz tudo de maneira nervosa. Sua ingestão de cafeína obriga seu sistema nervoso a trabalhar em excesso.

Pegue a caneta e descreva seu padrão alimentar. Você é do tipo que rumina o tempo todo, é daqueles que cometem excessos, do tipo que faz vários lanches, ou é da turma que lambisca? Até que ponto você está longe do ideal de dieta simples e saudável, com três refeições ao dia e dois lanches? Quanto líquido você ingere? Recomenda-se 2 litros de água por dia. O quanto você se aproxima disso?

Magras como as modelos das revistas

"Vivo na época errada", talvez você murmure para si mesma ao ver nas revistas da moda modelos magras como palitos. "O que é ser magra demais?", buzinam as manchetes, e talvez você acabe respondendo: "Nunca se pode ser magra demais." Somos treinadas pela mídia para um ideal anoréxico de beleza.

"Tenho sorte com o meu metabolismo", explica Isadora. Com 1,80 m de altura, usa roupas tamanho 38. "Não sou propriamente bulímica", declara, mas de vez em quando lança mão de laxantes para contrabalançar o que come.

Basta-nos examinar a arte através dos tempos para reconhecer que uma aparência mais cheinha, arredondada, era o padrão de beleza. "Em outras eras eu seria uma beldade de chamar a atenção", lamenta-se Amanda, que sente que seu corpo tipo violão está fora de moda. Não importa que Beyoncé e Jennifer Lopez sejam admiradas por suas curvas generosas. Amanda só tem olhos para Keira Knightley e Nicole Richie. "Eu costumava correr maratonas, mas nem mesmo correr uns 100 quilômetros por semana alterou a estrutura curvilínea do meu corpo."

Quando a magreza passa a ser considerada excessiva, e quando é considerada adequada? A mídia bombardeia-nos com imagens de pessoas de aspecto subnutrido, magras como bolachas, mais estreitas que seus biquínis tipo tanga. As páginas das revistas estão repletas de produtos para perder peso rapidamente — pílulas, poções e pós que prometem milagres. Acompanhamos coletivamente, com grande atenção, a batalha de Oprah contra os quilos. Ela parece corpulenta com seus 90 quilos, apesar dos radiantes 18 quilos a menos, e ainda quer emagrecer mais.

Kirstie Alley segue a dieta de Jenny Craig, que derruba seu peso lá para baixo e faz subir sua auto-estima. Promete que vai aparecer no programa da Oprah usando um biquíni. "Bem que eu gostaria de ver", pensamos automaticamente, e gostaríamos mesmo. Na obsessão que tomou conta do país, "saudável" tornou-se sinônimo de magro. As revistas de moda, página após página, são preenchidas com as trajetórias emagrecedoras de beldades esqueléticas.

"Meu braço é da grossura da perna dela", lamenta uma senhora bem fornida que conheço, apontando para uma top model estampada nas páginas da *Vogue*. Os editores defendem as imagens de mulheres magras como palitos, dizendo que é sua função mostrar a fantasia, e não a realidade. Mas será que não há um ideal implícito nessa fantasia? E o ideal não se tornou excessivamente magro, para azar nosso?

"Detesto os espelhos das lojas de departamentos", diz Abby. "Eles são especializados em celulite. Não consigo comprar um maiô. Não consigo comprar um vestido de noite. As coisas que compro não têm feitio nem forma, e são monocromáticas. Conheço o truque que consiste em usar uma só cor, usar túnicas para alongar a linha da cintura e saias que se abrem embaixo ou calças compridas de perna larga para disfarçar minhas curvas. Às vezes fico pensando como seria viver na época em que as mulheres eram francamente corpulentas. Acredito em 'vive la différence', mas tenho medo de me vestir assim."

"Sou gorda como um leitão", diz Natalie, uma excelente atleta. Com 1,62 m de altura, ela pesa 57 quilos, disputa triatlos e tem um corpo ótimo. Mesmo assim, não consegue se alegrar com sua aparência. "O que eu queria mesmo é que tanto exercício me fizesse mais magra", admite.

Olhamos tudo através de uma lente distorcida. Vemos o saudável, mas na nossa cabeça não é saudável. Vemos modelos perigosamente magras e cremos que isso é ser saudável. Nossos padrões são determinados pela mídia. Por mais que a consideremos responsável pela imposição de uma imagem forçada, ainda não é o suficiente. Fomos sujeitas a tanta lavagem cerebral que nem a responsabilizamos.

Corpos têm formas e tamanhos diversos. Nem todos os corpos são programados para a magreza. Uma figura rechonchuda de 1,55 m é tão bonita quanto um varapau de 1,80 m, exceto aos olhos dela mesma.

"Sou o que sou e tenho o que tenho", diz Carrie, uma atriz, a respeito de sua figura miúda tipo violão. "Vivi em Los Angeles durante cinco anos e, acredite, aprendi a aceitar um não. Com 1,60 m de altura e 50 quilos de peso, eu não era o que eles procuravam. Se tivesse 1,80 m de altura e pesasse 50 quilos, eu seria exatamente o que procuravam."

"Nossos ideais de beleza são artificiais", diz Rosemary, uma agente de atores. "Já nem sei mais dizer quantas atrizes talentosas são consideradas gordinhas demais, mesmo quando estão quase abaixo do peso. Vi a magreza levar a melhor tantas vezes que parei de contar. Não gosto disso, mas é a realidade do mercado."

Nem todo mundo vive em Hollywood competindo por trabalho com os talentos locais. Mas a mídia, especialmente as revistas, se inspiram no Mundo da Fantasia. Mesmo quem mora em Omaha segue os preceitos de beleza ditados em Malibu. Lemos reportagens que contam como Britney Spears, depois da gravidez, perdeu 12 quilos em apenas um mês. Não é seguro, não é saudável, mas queremos fazer o mesmo.

Revistas contam histórias, e nós acreditamos nelas. Katie Holmes perdeu 10 quilos em um mês. Kate Hudson perdeu quase 27 quilos em três meses. Combinando exercícios aeróbicos, levantamento de peso, pilates e ioga, essas mulheres gastaram muitas horas diárias a fim de recuperar o corpo esbelto, leve e pronto para a câmera que tinham antes do nascimento de seus bebês. Ao mesmo tempo em que a gravidez e o conseqüente aumento de peso são vistos como catástrofes na carreira, as não-grávidas também se sentem na obrigação de monitorar suas silhuetas. No time das magrelas temos Nicole Richie e Keira Knightley. "Não sou anoréxica", protestam essas mulheres, mas, se não forem anoréxicas, estão certamente magras demais para serem consideradas saudáveis. Olhando um exemplar da revista *People*, com Mary Kate Olsen na capa, uma enfermeira disse certa vez: "Não preciso ler a *People* para concluir que ela é anoréxica." Anoréxica ou não, Olsen é invejada e imitada, dando crédito ao ditado que diz que não existe mulher rica ou magra demais.

Demanda esforço desintoxicar-se dessa saturação imposta pela mídia. Só pensando de forma independente é que podemos decidir por nós mesmas que as cheinhas podem ser mais atraentes do que as esqueléticas. Temos exemplos de mulheres curvilíneas que atingiram o estrelato. Jennifer Lopez, com seu famoso "popozão", fez com que o traseiro feminino se tornasse uma zona erógena nos Estados Unidos. Beyoncé, que possui curvas onde mulher nenhuma as tem, provou que amplitude e beleza podem andar juntas.

Aurora, uma sereia com uma retaguarda que causaria inveja a Jessica Rabbit, conta como foi o tempo que passou em Hollywood.

> Como falar nisso de forma modesta? Sempre me considerei uma mulher bonita, e os homens pareciam achar o mesmo. Tanto em Londres como em Nova York, trabalhei muitas vezes no cinema e no teatro. Por sugestão de meu agente, decidi tentar Hollywood. Primeiro quiseram que eu tingisse meus cabelos ruivos — minha marca registrada — de loiro platina; depois quiseram que eu 'diminuísse' o tamanho do meu manequim. Eu estava tão desesperada para atingir o sucesso que tingi o cabelo e comecei a fazer dieta. A Califórnia é a terra de frutas e legumes frescos, e eu vivia de saladas. Logo des-

cobri que me havia tornado uma loura megera, privada de alimentos nutritivos. Quando finalmente consegui um trabalho, o papel que me deram foi justamente o de uma loura megera, e passei três anos tentando manter essa imagem. Só quando me apaixonei por um latino que gostava de mulheres com alguma carne caí na real e vi que havia me vendido. Agora sou ruiva, engordei 7 quilos e continuo trabalhando com cinema, só que hoje sou roteirista, e não atriz. Não agüentei a pressão de precisar me enquadrar.

TAREFA

Qual é seu ideal de beleza?

Você tem uma noção equilibrada do que considera beleza ou se deixa levar pela manipulação da mídia? Junte dez revistas de moda. Compre uma folha de cartolina e um pouco de cola. Dedique meia hora para folhear a pilha de revistas e corte todas as figuras que lhe parecerem próximas do que você considera beleza feminina. Ao final dessa meia hora, cole as imagens na cartolina. O que você tem diante dos olhos? Sua concepção de beleza se aproxima do que é atingível ou será que você está se colocando uma meta impossível ao cobiçar um corpo tão emaciado que seria impossível de obter? A beleza se encontra em uma gama de fatores — uma bela cabeleira, olhos arredondados, lábios sorridentes, um pescoço gracioso, busto e quadris amplos. Você é capaz de ir contra a corrente da mídia? É capaz de criar para si mesma uma noção de estilo e beleza que não se enquadre à norma anoréxica que tentam nos impingir?

Subir na balança

Mary-Louise parece uma mulher saudável e normal. Seu corpo é saudável e seu peso é normal, suas roupas são elegantes e caem bem. Sua personalidade é atraente, então o que há de errado nesse quadro? Mary-Louise acorda todos os dias com medo da balança que guarda embaixo da cama. Uma ida rápida ao banheiro e logo em seguida ela sobe em sua balança digital, fininha. Ali ela recebe, descrita em quilos e gramas, sua auto-imagem para aquele dia. Ela ganhou ou perdeu peso de ontem para hoje? Será que a comida chinesa que comeu a fez inchar? O que diz a balança?

"Eu sei que não deveria me pesar todos os dias, sei que provavelmente se trata de um comportamento obsessivo. Sei que meu peso pode variar até 2 quilos, dependendo do que eu comi na noite anterior, mas não consigo deixar de fazer isso. Quero saber a verdade e, por outro lado, sei que os números fornecidos pela balança nem sempre representam a verdade, que água no organismo pode interferir no meu peso ou posso estar com um pouco de peso a mais devido ao estado pré-menstrual.

Se a balança subiu, o humor de Mary-Louise despenca imediatamente. Se a balança variou para menos, seu humor dá um salto em direção ao céu. Ela nunca pára para perguntar: "Qual é minha aparência hoje?" Ela prefere depender do que a balança tem a dizer. Ela está "suficientemente magra" ou não?

"Muitas vezes vence o 'não'", diz Mary-Louise. "Há 2 quilos esquivos que persigo, certa de que, se atingir essa meta, minha vida será perfeita, minha insegurança desaparecerá e minhas roupas vão cair melhor do que nunca. Não sei por que me concentro tanto nas roupas. O que realmente pergunto à balança é: 'como eu ficaria totalmente nua?' Quero emagrecer para ter um namorado."

Ansiando por intimidade, corremos atrás de uma meta impossível, na crença de que dietas e exercícios são a resposta, em vez de trabalhar a auto-aceitação, isto é, a aceitação de que estamos muito bem assim como somos. Damos preferência à busca por um ideal impossível. Vamos estar muito bem "quando..." Quanto pudermos vestir tamanho 42? Ou 40? Ou 38? Conheço mulheres que usam tamanho 36 e ainda reclamam que estão gordas. E reforçam essa certeza subindo diariamente à balança.

"Minha balança é minha consciência", argumenta Glenda. "Como um pé-de-moleque e aguardo o desastre que vai aparecer na balança. Em épocas em que uso regularmente a esteira, posso me dar ao luxo de uma pequena extravagância. Mas assim que a balança me diz não, volto à dieta de fome."

"Pense na balança como um amigo rudemente franco", previne uma nutricionista. "Ela lhe dá a notícia, mas são geralmente más notícias." Por que não se pesar apenas uma vez por semana? Ou, ainda mais radical, por que não fazê-lo apenas uma vez por mês? Assim a balança se tornará uma rede de segurança, e não uma companheira diária.

"As roupas são o melhor meio de avaliar meu tamanho", diz Jeanette. "Se minhas roupas entram com folga, facilmente, sei que estou no caminho certo. Se sinto as roupas me apertando ou elas já não me cabem, sei que estou encrencada."

À medida que aumentamos a dose de exercícios e aceleramos o metabolismo, a tendência é perder volume. Músculos são mais compactos que gordura. Podemos diminuir o tamanho de nossas roupas para dois números a menos, sem que o ponteiro da balança se mova.

"Eu sabia que a dieta estava dando certo quando começava a caber nas roupas antigas", diz Judith. "E agradecia aos céus por não ter me desfeito delas."

Moderar o uso da balança pode ser uma atitude positiva. Livres da tirania dos números, começamos a prestar mais atenção a nós mesmas e à nossa percepção. Sabemos que, se seguimos uma dieta simples e saudável, vamos perder peso. Quando nos livramos da consulta diária à balança, somos capazes de adotar uma atitude mais relaxada quanto ao emagrecimento. Passamos a perceber que, se seguimos na direção certa, pouco importa quanto tempo levaremos para chegar lá.

"Tento encarar meu projeto de dieta como se fosse um vestido folgado", declara Antonia, que abandonou o hábito de se pesar diariamente; em vez disso, se deixa guiar pelas roupas para avaliar seu progresso.

O modo mais saudável de encarar nossa relação com a comida é avaliar os progressos, em vez de aspirar à perfeição. Muitos de nós mantivemos por anos a fio uma relação tóxica com a comida. Agora estamos nos alimentando de maneira mais saudável, mas não perfeita. Isso é um progresso, e é com o progresso que precisamos aprender a nos satisfazer.

"Meu desejo era levar a balança para fora e dar um tiro nela", exclama Dee Dee. "Era, na realidade, uma forma de tortura para mim. Por mais magra que eu estivesse, eu sempre queria ficar ainda mais magra. Não importavam os números na balança, eu sempre queria um número inferior. Obcecada com perda de peso, e não com boas condições físicas, eu deixava de me congratular por minhas vitórias e, depois que aderi a uma alimentação simples e saudável, as vitórias foram muitas. Fiquei mais esbelta e em boas condições físicas, meu modo de pensar a respeito de comida se tornou mais objetivo e menos obsessivo. Comida passou a ser o combustível que me permitia fazer o que fazia — e não minha identidade única. Hoje em dia me peso uma vez por mês — quando me lembro. Utilizo a balança apenas para confirmar o que percebo. Ela é minha serva, e não minha patroa."

TAREFA

Desça da balança

Se a balança é o centro das atenções em seu banheiro ou em seu quarto, se você não consegue passar um só dia sem pisar nela, chegou a hora de retirar a balança de seu lugar proeminente. Se você sente pânico só de pensar em não conferir seu peso, saiba que esse pânico vai passar. É muito mais saudável concentrar-se em se alimentar da maneira certa e em fazer os exercícios certos do que se fixar em um determinado número. Talvez seja bom guardar a balança em um closet ou enfiála embaixo da cama — "longe dos olhos, longe do coração". Para algumas de nós essa é uma idéia aterrorizante. Estamos viciadas em nos pesar. Estamos habituadas à adrenalina provocada pela expectativa de enfrentar más notícias. Não confiamos em nós mesmas e em nossa percepção.

"Como posso confiar em mim mesma?", pergunta Charlene. "Vivo mentindo para mim mesma a respeito de comida. Digo que vou comer só um pedacinho e acabo cometendo excessos. Sinto como se a balança fosse a única coisa que se interpõe entre mim e o desastre. Imagino o que aconteceria se eu tentasse passar um mês sem as informações que ela me dá."

Se você está seguindo uma dieta simples e saudável, você vai perder peso. Lentamente, gradualmente, mas vai perder. Abrindo mão da pesagem diária, você vai deixar de lado a autopunição. Isso colocará seu peso como algo a ser resolvido entre você e uma força superior.

Diga a si mesma que voltará a se pesar daqui a um mês, a contar de hoje. Confie em si e em que seus novos hábitos alimentares conduzirão seu corpo a uma saúde excelente.

Recaída

Para muitos de nós, dietas são um exercício de inutilidade e autoflagelação. Colocamos em prática um projeto e depois nós mesmos o sabotamos. Damos um passo em direção à meta e voltamos atrás. Desfazemos o bem que havíamos feito.

Ontem eu estava indo muito bem até as nove da noite. Foi quando resolvi ir a uma cafeteria tomar uma xícara de chá quente com uma boa fatia de torta de cerejas. Não faz mal algum comer um pouco de torta de cerejas, era o que eu pensava. Afinal de contas, cereja é fruta. Não pode engordar tanto assim. Então, dizendo a mim mesma que não engordava realmente — isto é, não engordava tanto quanto um bolo com calda de chocolate, por exemplo, ou uma banana split —, comi a torta de cerejas. Sabem como é quando se trata de torta de cerejas. Não é fácil conseguir uma fatia das boas. E a fatia que me trouxeram era mais do que medíocre. A cobertura estava gélida, as cerejas eram poucas e espaçadas, a massa era velha. O tipo de sobremesa que não fazia boa propaganda da casa. Voltei para casa meio tonta por causa do açúcar e, em conseqüência, dormi mal. Quando acordei hoje de manhã, estava com uma ressaca daquelas, de açúcar. Sim, eu havia sofrido uma recaída.

"Só uma recaidazinha", me deu vontade de dizer. Mas é isso mesmo que as recaídas costumam apregoar. Não é preciso muito para desfazer todo o esforço de uma dia comendo de forma sensata. Uma fatia de torta, uma lasquinha de cheesecake, alguns biscoitinhos feitos em casa... Com certeza, racionalizamos, depois de um dia inteiro de virtudes merecemos algo gostoso como prêmio.

Esse prêmio não passa de uma recaída vestida com pele de cordeiro. Comemos purê de batata em vez de abobrinhas. Nos permitimos dois pãezinhos com manteiga. Nos premiamos — e nos premiamos mal! Aceitamos uma dose de alimento desencadeador da gula e acionamos o gatilho contra nossa própria sobriedade emocional.

"Durante vinte anos freqüentei intermitentemente os Comedores Compulsivos Anônimos. Passei anos fazendo a dieta do dr. Atkins. Respondi ao questionário dos drs. A. Wise e N. M. Birrell sobre hábitos alimentares. Mantive a abstinência e me mantive magro. Meu padrinho no CCA me disse para eu não ser tão rígida, mas, para mim, tem que ser ou tudo ou nada. Se eu me deixar tentar por uma fatia de bolo, tem que ser aquela fatia da borda, com todo o glacê." Isso é o que diz enfaticamente Suzanne. Aos olhos de todo mundo, menos aos dela, Suzanne é magra, talvez até magra demais. Em seu quarto há uma esteira na qual ela caminha todas as noites, e redobra o exercício quando tem uma recaída.

"Quero perder mais 9 quilos", anuncia Suzanne. Ela belisca a cintura, onde quase não há o que beliscar. "Talvez eu seja um pouco obsessiva, talvez eu exagere. Talvez eu devesse tentar ser mais moderada..." E continua por aí.

Não existe um "talvez" quanto a isso. Moderação livraria Suzanne da obsessão escravizante quanto à questão do peso. Talvez, se aprendesse a comer o bolo sem exigir a porção com mais glacê, ela se saísse melhor. Uma dieta ponderada, como a de South Beach, leva em conta que, em algumas ocasiões, nos livraremos das grades e comeremos demais. Um programa de exercícios constantes é a melhor defesa contra as pequenas recaídas. Um artigo recente no *New York Times* destacou o valor positivo de se fazer exercícios depois de uma refeição pesada. Uma boa caminhada, algum tempo na esteira, ou step training, meia hora na bicicleta ergométrica — tudo isso é munição a ser usada em nossa guerra contra o excesso de peso. Pois trata-se de uma guerra.

"Eu me guio pelas calorias", diz Janice. "Se minha recaída consistiu em 350 calorias, eu tenho que me exercitar mais, de modo a consumir as 350 calorias extras. Isso significa que posso comer panquecas no café-da-manhã, se eu for direto para a esteira depois."

O que geralmente não funciona, na maioria dos casos, é a recaída sem arrependimento. O pedaço de torta que não for compensado por uma sessão de exercícios vai tomar a forma de centímetros a mais em nosso bumbum.

"Não me considero indefesa quanto a recaídas", argumenta intrepidamente Mary. "Quando sinto desejo urgente de comer, prefiro beber água. Percebi que dois copos de 220 ml de água geralmente matam meu apetite por autodestruição. Tenho sempre água na geladeira: assim, quando me sinto tentada, posso beber água no lugar de comer."

Para muitos de nós, a água pode ser algo pouco atraente — sem gosto, sem graça, até repulsivo. Já existem no mercado muitos tipos de água com sabor que podem enganar nossos paladares, levando-os à submissão.

"Bebo água com sabor limão ou framboesa", diz Carla. "Eu a bebo para enganar o paladar. Imaginemos que eu quero comer todas as balas que sobraram do halloween. Digo para mim mesma que depois de beber quatro garrafas de água eu posso fazer a farra que quiser. Lá pela terceira garrafa, já perdi todo o desejo de fazer bobagem."

Muitos de nós mantemos depósitos de água espalhados pela casa — seis embalagens ao lado do abajur de leitura na cabeceira, outra junto à TV, mais seis embalagens na sala de jantar, uma geladeira cheia...

"Considero a água como meu seguro contra uma recaída séria", explica Anna. "Não sei o que há em dois copos de água que faz com que uma barra de doce ou uma colherada de sorvete percam toda a graça, mas há. Uma vez, tentei três copos d'água e um pouco de doce de leite. Nem consegui limpar a tigela. Isso é o que eu chamo de milagre."

A maioria de nós precisa de pequenos milagres para lidar com a tendência a recaídas. O que dá certo para muita gente é parar antes mesmo de começar. É para isso que servem o diário e as quatro perguntas. "Estou com fome?", perguntamos, e a resposta muitas vezes é: "Não, mas estou ansioso." Perguntamos a seguir: "É isso mesmo que eu quero comer? É o que quero comer agora? Há alguma outra coisa que eu possa comer no lugar disso?" E, maravilha, nossa comilança altamente calórica misteriosamente se reduz a uma gelatina diet ou uma maçã com uma lasca de queijo amarelo.

"Existe outra coisa para fazer no lugar de comer?" Essa é uma quinta pergunta que aprendemos por acaso. Meia hora de tricô é um bom substituto para uma tigela de pipoca amanteigada ou um pacote de batatas chips. E a televisão não precisa ser um pretexto para comer. Acontece muitas vezes que sentimos falta de ter algo no colo. Uma peça de roupa para costurar ou tricotar, um quebra-cabeças, até um travesseiro podem resolver o problema.

"Meu cachorro recebe muito mais carinho agora que abri mão do hábito da pipoca", diz Karen.

TAREFA

Avalie suas recaídas

Escolha uma música relaxante. Acomode-se confortavelmente no sofá e pegue a caneta. Como costumam ser suas recaídas? E por quê? Anote os detalhes no papel. Você, como eu, tem muitas recaídas leves? Ou suas recaídas são sérias? Suas recaídas são raras ou freqüentes? Que alimentos você prefere durante uma recaída? Então por que você os tem em casa? Já tentou o truque da água? Funciona no seu caso? Você se interessa por algum hobby que possa preencher aquela horinha noturna em que sente vontade de comer? Você procura compensar as recaídas fazendo exercícios? Anotar tudo o que come e fazer as quatro perguntas o ajudam a interromper uma recaída no meio do caminho ou a evitá-la totalmente?

Lanches inteligentes

"Meu problema principal com as dietas", diz Janet, "é que adoro comida". A maioria de nós também. A maioria de nós gosta demais de comer. Diante da perspectiva de se abster de comida, temos medo do que vamos sentir. "Vou me sentir infeliz! Vou me sentir carente! Vou me sentir tão..." Vou sentir. Ponto. Comida é um poderoso sedativo. Administramos comida como quem administra um remédio. Se nos pedem para jejuar muitas horas entre as refeições, nosso humor sofre altos e baixos de acordo com a taxa de açúcar no sangue. Para que uma dieta funcione bem para nós, precisamos poder comer — comer alguma coisa! Esse "alguma coisa" que precisamos comer é um lanche. Embora algumas dietas se baseiem em três refeições completas, e nada nos intervalos, as dietas mais bem-sucedidas reconhecem que precisamos de um lanche entre as refeições. Esses lanches, entretanto, não podem ser minirrefeições — não podem passar de lanches, com menos valor calórico e em menor volume do que uma verdadeira refeição. Alcoólatras em recuperação costumam ser aconselhados a, no horário do happy hour, ingerir como lanche um alimento rico em proteínas, como uma mistura energética composta de frutas secas, frutos oleaginosos (avelãs, castanhas, nozes, castanha-de-caju) e flocos de milho. Como disse um alcoólatra em abstinência: "Não há nada de errado com a minha taxa de açúcar no sangue que não possa ser resolvida com dois drinques — só que isto me mataria." Portanto, amêndoas, castanhas-de-caju, amendoins e passas substituem os coquetéis. Munido desse lanche, o alcoólatra sóbrio sente-se seguro enquanto aguarda a hora do jantar.

Para os não-alcoólatras, pode não ser perigoso, mas é muito difícil passar muito tempo sem se alimentar. Tudo que é difícil pode botar abaixo uma dieta, então é melhor permitir-se um lanche. "Preciso de proteína!", exclama Megan, uma atleta em forma que queima calorias muito rapidamente. "Entre as refeições, meu lanche é um iogurte, nozes ou castanhas, ou algumas fatias de frios. Meu lanche favorito é salada de atum. Uma colher bem grande de atum acalma meu apetite do jeito que eu preciso, e mantém meu nível de energia alto."

Michael também opta por um lanche composto por proteínas. Antes de começar seu diário, era um viciado em cereais. Lá pelo meio da tarde, ingeria uma tigela de cereais açucarados. "Eu comia como uma criança do jardim-de-infância", relembra Michael. "Recebia uma carga de energia, mas essa não era suficiente para me sustentar até a hora do jantar. Freqüentemente eu recorria a um segundo lanche — ou seja, dois punhados de cereais, sem leite. Esse segundo lanche me tirava o apetite para o jantar e me deixava meio lerdo."

Assim que começou a escrever o diário e a se fazer as quatro perguntas, Michael começou a procurar substitutos inteligentes para o lanche. No lugar de cereais açucarados, passou a comer iogurte com frutas frescas. E, em vez de necessitar de um segundo lanche, sentia-se sustentado com apenas um.

"Percebi que no final da tarde eu nem sempre sentia fome de verdade. Eu estava era entediado ou inquieto, ou estressado devido aos acontecimentos do dia. E descobri que com uma boa xícara de chá eu conseguia relaxar. Pelo menos impedia meu mau humor e meu peso de aumentarem."

"Minha geladeira é um paraíso para os amantes de um bom lanche", conta Carlotta. "Tenho amêndoas, requeijão, legumes frescos picados, frutas frescas, iogurte e gelatina e pudins diet. Só preciso decidir qual será a delícia que vou saborear. Todos os meus lanches são pobres em calorias e ricos em energia. Com isso, atravesso a chatice do final da tarde sem ficar deprimida."

O segredo de um bom lanche depende de saber comprar bons ingredientes. Como explica Carlotta: "Todos os meus lanches são coisas que me atraem." Ela é tão cuidadosa ao comprar artigos para o lanche quanto para os alimentos básicos, pois sabe que foram os lanches mal escolhidos que a sabotaram no passado.

TAREFA

Esvazie sua geladeira e volte a enchê-la

Comece por tirar tudo de dentro — e isso quer dizer tudo — e faça uma limpeza completa, esfregando-a até ficar bem limpa. Uma geladeira limpa é uma geladeira apetitosa. Lembre-se de que a palavra dieta não significa ficar sem comer, mas sim comer bem.

Agora leve sua geladeira às compras. Dê-se o direito de comprar coisas gostosas — morangos frescos, amoras, mirtilos, iogurte de boa qualidade, requeijão light e algumas proteínas sólidas como atum, salmão defumado ou peito de peru. Não esqueça da seção de doces — compre gelatina e pudins diet. Consultando a tabela calórica, talvez valha a pena acrescentar pasta de grão-de-bico e de berinjela. Queijo cottage de baixa caloria, polvilhado com canela, é outro lanche apreciado. Procure agradar a si mesmo como tentaria agradar a um novo namorado ou namorada. Compre iguarias deliciosas, porém de baixas calorias. *Bon appétit!*

Comer à noite

Mais uma vez vamos usar como exemplo o cinema de ficção científica — todas as noites, perto das dez horas, minha geladeira começa a brilhar. Emite uma luz celestial. Murmura com voz angelical. E diz: "Só um pouquinho. Você se comportou tão bem o dia inteiro. Com certeza merece um lanche antes de ir para a cama." Então eu caminho de leve até a cozinha, abro a porta da geladeira e inspeciono o conteúdo. As quatro perguntas passam de raspão pela minha mente, mas não lhes dou atenção. A resposta à primeira pergunta, "Estou mesmo com fome?", é com certeza não: na verdade não estou com fome. Mas não tenho o menor interesse nessa informação. Só estou interessada em um lanche noturno.

Mick muitas vezes trabalha dois turnos em uma churrascaria. Passa o dia inteiro cercado por comidas deliciosas, de alta qualidade, e evita, o dia todo, as tentações. Em seu emprego, todos sabem que Mick está de dieta. O que ninguém sabe é que, todas as noites, a caminho de casa, ele costuma sabotar a dieta.

"Digo para mim mesmo que me comportei bem o dia todo", diz Mick. "Digo que ir para o trabalho pedalando, de bicicleta, me faz queimar calorias. Digo a mim mesmo que, já que me comportei tão bem, mereço um petisco. Então paro a bicicleta diante de uma lanchonete e peço um cheesebúrguer duplo com fritas. Não preciso dizer que minha dieta escorre pelo ralo. Consumo à meia-noite calorias que valem por um dia inteiro. Digo para mim mesmo que mereço 'um bom trato', mas a verdade é que estou me tratando mal."

Como Mick, muitos de nós dizemos que o hábito de comer à noite é um prazer inofensivo. Ficaríamos horrorizados se nos acusassem de sermos autodestrutivos, mas, na verdade, é isso que somos.

"Não vivo realmente no meu corpo, faço-lhe apenas umas visitas", brinca Caroline, uma bonita mulher que está 18 quilos acima de seu peso ideal. Ela tenta convencer a si mesma de que "não é espiritual" dar tamanha atenção ao corpo. Em vez disso, tenta "transcender" seu peso excessivo. Usa roupas folgadas e destila uma calma de quem não está nem aí — mas calma é tudo que ela não sente quando se compara com outras mulheres de peso adequado.

"Mal posso acreditar que sou tão invejosa", lamenta Caroline. "Para falar a verdade, fico ressentida com minhas amigas e com seu aspecto juvenil. Eu diria que quase *odeio* minha melhor amiga, que parece que pode comer de tudo sem ganhar sequer um grama. Ela até que é gentil a respeito do meu peso. Me diz sempre que sou bonita, que tenho um rosto bonito. Isso me deixa ainda mais louca de raiva. Sinto que ela está me ajudando a racionalizar, e isso não é amizade verdadeira."

Mas o que é uma amizade verdadeira? Será que queremos que nossos amigos nos digam: "Sim, você está engordando, e isso não é bonito." Queremos mesmo que nossos amigos contem as calorias por nós? A maioria de nós prefere, secretamente, os facilitadores, o tipo de amigo que nos ajuda a engordar, oferecendo-nos um pedaço de torta ou "só uma mordidinha" do seu *crème brûlée* de framboesa.

"Você é muito bonita", diz a facilitadora de Caroline para ela. Ela só falta acrescentar um "ainda", que de fato seria plausível. Caroline era uma mulher lindíssima quando pesava 60 quilos. Agora, pesando quase 80, ela está confortavelmente rechonchuda, mas não há nada de confortável nisso.

"Eu me comporto bem durante o dia", afirma Caroline, "mas todas as noites procuro a comida como consolo. Não quero ficar sozinha, não quero me sentir solitária, então ligo a TV em alguma comédia romântica e preparo um monte de pipoca com muita manteiga".

Se fosse capaz de ser honesta consigo mesma, Caroline admitiria que suspira por uma relação íntima. Mas a honestidade é solapada pelo hábito de comer à noite. Como a franqueza nos diria que há algo errado, e que comemos para remediar esse algo, vem a racionalização para dizer que não há nada de realmente errado e que merecemos um regalo depois de um dia de virtudes.

"Juro por Deus que tenho que comer para conseguir dormir", garante Josh, um executivo muito atarefado que pesa pelo menos 10 quilos a mais do que deveria, espalhados em torno da sua sempre crescente cintura. Seus dias são tão carregados de estresse, são tantas as exigências de tempo e atenção que seu leite maltado de todas as noites serve de conforto. E pior: ele racionaliza consigo mesmo que se trata de um alimento saudável — afinal de contas, ele precisa de cálcio.

Muita gente destrói todo o esforço de um dia de boa alimentação com esses excessos noturnos. Dizemos que essas falhas são na verdade medicinais. "Melhor do que tomar um comprimido para dormir", dizemos a respeito de nossa taça de sorvete de baunilha. Na verdade, o que queremos é segurança e consolo combinados. Mas essa combinação pode ser obtida de outras formas que não seja comida.

Marion, uma dinâmica executiva, descobriu que podia relaxar à noite ouvindo meia hora de música suave. "Eu a chamo de música reconfortante", diz ela, e sintoniza uma boa seleção musical em vez de servir-se do sorvete guardado na geladeira.

"Utilizo música e incenso", diz Suzanne. "Pode parecer bizarro, mas é uma tentativa de evitar uma tigela de cereais tarde da noite. Meu favorito é aveia com açúcar mascavo, manteiga e creme. Mas, ao contrário disso, preparo uma xícara de chá de camomila, fico reclinada ouvindo a música celestial e aspirando a fragrância do incenso."

"Virtude demais é virtude em excesso", protesta Krissy, pouco disposta a abandonar o hábito dos lanches noturnos. "Sinto desejo de alguma coisa doce à noite, por isso preparo uma xícara de chocolate em pó, leite desnatado e adoçante. É melhor 'enganar' meu desejo por doces do que tentar fugir dele. Tento ser inteligente na minha escolha e uso leite desnatado e adoçante, para não ingerir calorias demais." Para muitos de nós, trata-se de uma questão de estar disposto. Estamos dispostos a criar uma estratégia como proteção contra o hábito de comer tarde da noite? Primeiro precisamos admitir que temos um problema. Depois temos que admitir que não vamos descobrir uma maneira mágica de abandonar nossos festins noturnos. Então é melhor planejar um lanche que cause o menor dano possível. Podemos não gostar muito disso, mas podemos utilizar as quatro perguntas. Gelatina diet pode parecer um triste substituto a um sorvete delicioso, mas com certeza é "melhor do que nada".

Quanto a mim, tive que aprender que "melhor do que nada" era o suficiente. No lugar de um bolo com cerejas e amêndoas, eu podia me satisfazer com dois copinhos de gelatina diet, ou com uma tigela de morangos picados com creme desnatado. Como Krissy, eu poderia preparar uma xícara de chocolate quente diet. Poderia até ouvir música suave tomando um calmante chá de camomila.

"Para o inferno com a suavidade", diz Kitty, que tem uma esteira em seu quarto. "Exercício tira o apetite. Quando sinto vontade de comer tarde da noite, subo na esteira e, depois de correr 2 quilômetros, meu apetite diminui. Acredito em combater o fogo com o fogo."

TAREFA

Procure alguma coisa diferente para fazer

Vou ser franca: se tivermos comido bem durante o dia, dificilmente ficaremos com fome de verdade à noite. Acredito que, pelo contrário, usamos, nesse caso, a comida como um sedativo para nossas emoções incontroláveis. Pegue a caneta. Faça uma lista de dez coisas que você *poderia* fazer à noite em vez de comer.

Por exemplo:

1. Deixar um recado na secretária eletrônica do meu confidente, dizendo-lhe que me sinto tentado a comer.
2. Fazer uma lista das coisas boas em minha vida.
3. Fazer uma lista com os nomes dos meus amigos mais próximos.
4. Arrumar meu armário.
5. Fazer uma faxina no banheiro.
6. Engraxar meus sapatos.
7. Limpar meus pincéis de maquiagem e minha escova de cabelo.
8. Tomar um banho quente, escovar os dentes e passar o fio dental.
9. Preparar uma xícara de chá.
10. Preparar uma xícara de chocolate diet (duas colheres bem cheias de chocolate em pó de boa qualidade, uma xícara de leite desnatado, adoçante a gosto).

Coloque esta lista em sua geladeira.

Comida como sedativo

A maioria de nós prefere pensar que aproveitamos muito bem a vida encontrando aventura a todo momento. Se formos honestos, isso não passa de uma idealização, e não de uma realidade, e muitos de nós nos sentimos insatisfeitos ao examinar com atenção nosso modo de viver. Como dizia uma canção cantada por Peggy Lee, *Is That All There Is?* (Será que é só isso mesmo?), achamos que a vida deveria ser mais do que esta que vivemos. "O que há de errado?", indagamos, um tanto inquietos. "Tem alguma coisa me aborrecendo", chegamos a dizer em voz alta, mas simplesmente não sabemos o que é. "Ah, se eu pudesse chegar ao fundo da questão", devaneamos, mas, no lugar de investigar o que se passa em nossa mente, abrimos as portas da geladeira.

"Eu não reconhecia que a comida me impedia de me aprofundar", diz Angela, "mas na verdade era isso mesmo que acontecia. Sempre que sentia ânsias de criar alguma coisa, eu pensava que era fome. Em vez de compor mais uma música, eu corria para a geladeira. Depois de uma taça de sorvete, perdia o desejo de criar. Para dizer a verdade, não sentia desejo de coisa alguma. O sorvete agia como sedativo".

Se formos honestos, muitos de nós reconheceremos que já usamos comida como sedativo. Não me refiro a tudo que comemos, à comida simples e saudável que consumimos durante o dia, mas sim à comida que se insinua pelas beiradas — os lanches ao final do dia, os petiscos salgados ou açucarados, as "coisinhas de nada" que nos concedemos quando estamos entediados, inquietos ou irritados.

"Volto logo para continuar", dizemos ao abandonar pela metade um projeto criativo ou um assunto complicado de negócios, e fazemos um intervalo para um desnecessário lanchinho. Mas o lanchinho freqüentemente desvia nosso fluxo de pensamento, e não retomamos o trabalho. Pegamos algum desvio e dizemos que já fomos produtivos o bastante por um dia.

Mas o que significa realmente "produtivos o bastante"? Estamos realizando todo o nosso potencial? Preenchemos cada dia com realizações de valor, mesmo que pequenas, ou procrastinamos, adiamos, evitamos e fugimos?

"Eu trabalhava bem por cerca de uma hora e meia", lembra-se Rebecca. "Se voltasse do almoço à uma e meia, conseguia trabalhar até às três, então meu relógio começava a tiquetaquear, avisando-me de que era hora de comer alguma coisa. Nosso escritório estava geralmente super bem estocado com petiscos. Eu não era a única que usava a comida como muleta para sobreviver o expediente de trabalho."

Em situações como essa, as quatro perguntas podem frear instantaneamente um ataque às guloseimas. Estou com fome? Você se pergunta, e a resposta, se for honesta, é não. Você não está com fome. Pelo contrário, você se sente pressionada a dar o passo seguinte de maneira correta. Parece tão mais fácil petiscar do que redigir aquele e-mail difícil.

Comida é sedativo. Nós a utilizamos para bloquear nosso mal-estar. Para bloquear nossos sentimentos, e é só. Em vez de jogar os ombros para trás e realizar a árdua tarefa que nos aguarda, vamos em busca de um petisco e dizemos a nós mesmos que o trabalho pode ficar para amanhã — e é isso que acontece tantas vezes.

"Eu não era muito eficiente", admite Tracy. "Eu pesava 7 quilos a mais, e a maioria desses quilos vinha dos lanches que eu comia no escritório. Eu costumava dizer a mim mesma que eu era uma boa funcionária, mas será que era mesmo? Quando abandonei o hábito dos ataques às guloseimas em pleno escritório, tornei-me mais produtiva. Minha produtividade aumentou, enquanto meu peso baixava. 'Você está fazendo tudo muito bem', disse minha chefe, e depois me deu um aumento. Sem me exceder na comida, encontrei de repente a energia para levar adiante projetos que vinha adiando."

Se muita gente utiliza a comida como sedativo durante as horas de trabalho, ainda mais gente usa a comida dessa mesma forma depois que vai para casa. Uma paradinha em uma pizzaria ou uma ida à delicatéssen para tomar uma bebida forte e energética, e estamos preparados para enfrentar o caminho de casa, onde o jantar nos espera.

"Eu comia para fazer hora para comer", diz Patricia. "Colocava uma refeição rápida no microondas, mas, enquanto isso, procurava na geladeira alguma coisa para lambiscar enquanto a comida aquecia."

Assim como Patricia, muitos de nós comemos mais ou menos sem parar. Regularmente cumprimos os horários das refeições e lanches, sem contar tudo que comemos além disso. Quando começamos a escrever nosso diário alimentar é que vislumbramos pela primeira vez o quanto e quantas vezes comemos. "Preciso anotar *tudo*?", reclamamos ao perceber que nos servimos de mais um punhado de nozes altamente calóricas.

"Meu Deus, eu parecia uma vaquinha, o tempo todo comendo algo!", exclamou Caroline. "Meu apartamento era cheio de pratinhos e bandejas, com petiscos para convidados que não viriam. Eu era a convidada que se deliciava com amêndoas confeitadas, caramelos e jujubas festivamente coloridas. Na noite de halloween, eu sentia necessidade de encher a casa de balas para o caso de aparecer alguém."

Assim como Caroline, muita gente come sem perceber, lambiscando o tempo todo, dia e noite, lançando mão de qualquer petisco para não pensar em coisas desagradáveis.

"Comendo demais eu sentia de menos", diz Josh. Isso nos permite visualizar nossas emoções como um teclado, cuja escala vai do grave ao agudo, das notas altas às baixas. Muitos de nós nos sentimos bem apenas com umas poucas notas e comemos para bloquear as demais.

"Fiquei surpresa com a grande quantidade de emoções que sentia", relata Isabella. "Aprendi que eram muito variados os meus sentimentos, e que esses podiam vir e desaparecer com a velocidade de um relâmpago. 'Isso também vai passar', dizia sempre minha madrinha no programa dos 12 passos, e aprendi que ela tinha razão. Sentimentos não são fatos, são apenas sentimentos, e sentimentos passam."

Para a maioria de nós, a variedade de nossos sentimentos constitui uma revelação. Depois que nos acostumamos à mudança, é como se nossas vidas mudassem do preto e branco para o tecnicólor. Sem a comida como sedativo, nossas vidas passam a ter cores vivas, tornam-se ativas e altamente prazerosas. Se antes a comida era nosso prêmio, agora o prêmio é a própria vida.

TAREFA

Toma-se um sedativo porque...

Uma vez reconhecido o alto poder sedativo da comida, temos que nos perguntar quais são os sentimentos que buscamos apagar.

Pegue a caneta e faça uma lista numerada de um a cinco e complete a seguinte frase de cinco maneiras diferentes:

Se eu me permitisse admiti-lo, minha vida parece triste porque...

Pegue a caneta outra vez. Numere mais cinco linhas. Complete a seguinte frase:

Se eu me permitisse admiti-lo, eu sinto raiva porque...

Pegue a caneta pela terceira vez. Numere mais cinco linhas. Complete a seguinte frase:

Se eu me permitisse admiti-lo, lamento que...

O que você acaba de fazer é, para usar um termo emprestado dos 12 passos, um inventário pessoal para fins de avaliação. Se você suspeita que você faz uso da comida como sedativo regularmente, então deve fazer um inventário toda noite. Caso resolva fazer isso, logo verá que você se tornará mais próxima de si mesma e mais autêntica em suas relações pessoais.

A comida dá um barato

Para muitos de nós, a comida claramente altera nosso humor. Sentimos uma espécie de "barato" ao ingerir certos alimentos. Às vezes o simples fato de comer nos faz sentir um barato. Preferimos, em vez de viver nossos sentimentos em toda sua intensidade e variedade, usar a comida como combustível para nos sentirmos diferentes — e, temporariamente, melhor. Mesmo sabendo que não deveríamos, damos preferência aos alimentos que entram em nosso organismo causando-lhe um choque. Damos preferência ao sundae com calda quente, ou um punhado de biscoitos de chocolate. Não estamos, necessariamente, tentando bloquear sentimentos ruins. Estamos tentando estimular sensações boas.

Jenny anseia por uma refeição de peixe frito com batatas fritas, doce de banana e Coca-Cola — sal, gordura e açúcar. "Hummm!", diz ela, antegozando o festim. Ela almeja sentir um barato — o barato que a comida lhe dá. Claro que ela vai precisar fazer dieta por uns dois dias depois disso, mas, para ela, a farra compensa.

Para Joe, a farra também compensa: mesmo sabendo que isso não lhe faz bem, ele periodicamente adota a alimentação que lhe dava prazer na infância. "Todos os dias saio para um almoço chique de negócios — porções diminutas de proteína sobre uma folha de alface. É muito chique, mas não muito satisfatório. O que me dá vontade de comer é macarrão com queijo ou empadão de galinha. Gosto de batatas fritas não industrializadas e de leite maltado. Detesto admiti-lo, mas sou o tipo de sujeito que adora lanchonetes."

Às vezes, quando o estresse no trabalho se torna excessivo, ele programa uma farra alimentar. Metade do prazer consiste em planejar a farra. Com tendência a engordar, Joe sabe que suas comidas preferidas são "ilegais", mas isso não o detém. Acostumado a pesar 11 quilos a mais do que deveria, ele faz a seguinte racionalização: o peso é conseqüência da idade, não das dietas começadas e interrompidas. Além disso, existe o fato de que viaja muito a trabalho. Todo mundo sabe como é difícil manter a dieta durante uma viagem. Então Joe se predispõe a uma farra alimentar composta por seus pratos preferidos — pedidos em seu quarto de hotel: frango frito, massa (de preferência macarrão com molho de queijo) e sobremesas.

"Já não basta viver viajando, tenho que ter a amolação de seguir uma dieta também?", indaga Joe. Ele sempre volta para casa com alguns quilos a mais, e fica na defensiva ao falar de seus pneuzinhos.

"Minha parceira e eu já não revelamos um para o outro qual foi o resultado mostrado pela balança. Afinal de contas, estamos juntos para o que der e vier."

Joe experimenta todas as dietas novas que aparecem. Possui uma coleção de livros sobre como emagrecer, mas lhe falta a força de vontade para botá-los em prática.

"Talvez eu não passe de um bebê grande", diz Joe. "Talvez eu queira que tudo seja do meu jeito. Talvez, se eu tentasse escrever sobre tudo isso, eu pudesse conseguir alguma coisa. O que você acha?"

TAREFA

Quais alimentos lhe servem de consolo?

Pegue a caneta. Faça uma lista de um a cinco. Nessa lista, escreva o nome de cinco alimentos que lhe servem de consolo. Algum desses pode ser incluído em um plano racional de dieta? Seria possível comer comidas leves, e não apenas simples e saudáveis, e assim economizar calorias em quantidade suficiente para se permitir um agrado?

Madeline, uma nova-iorquina esbelta, descobriu que dois dias comendo salada niçoise lhe permitiriam, em troca, um jantar de peixe com batatas fritas. "Acho que passei da conta quando comi uma barra de chocolate de sobremesa", ri Madeline, que mais tarde aumentou sua cota de exercícios para compensar as calorias ofensivas.

Uma caloria é uma caloria

Para melhor perder peso, é melhor comer comida simples e saudável — isto é, organizar sua dieta de modo que o consumo de açúcares, farináceos e amidos seja o mínimo possível. Comer dessa forma faz diminuírem os desejos. Depois de três dias sem consumir açúcar, você deixa de ansiar por doces. Um pedaço de fruta satisfará um desejo que antes teria uma barra de chocolate por objeto.

Uma caloria é uma caloria, venha ela de uma proteína, gordura ou carboidrato. Entretanto, há na gordura o dobro de calorias por grama do que nos carboidratos. A taxa do seu metabolismo basal é a quantidade de calorias que você necessita para manter suas funções corporais básicas. A TMB é determinada tanto pelo seu corpo como pela sua composição. Uma pessoa grande tem uma TMB mais alta do que uma pessoa pequena. É por isso que pessoas grandes podem perder peso mesmo consumindo mais calorias do que uma pessoa pequena.

Se não fizer exercícios, uma mulher de tamanho médio deveria ingerir não mais que mil calorias ao dia se quiser perder um quilo por semana. Mas, se acrescentar exercícios à dieta, essa mesma mulher poderá ingerir até 1.400 calorias e mesmo assim perder peso na mesma velocidade. Em outras palavras, exercício moderado faz toda a diferença entre uma dieta severa demais e uma dieta simples e saudável, mais suportável.

Não se trata de mágica. Se você é uma mulher que está na média, você precisa ingerir aproximadamente 1.900 calorias ao dia. Se você ingerisse 1.400 calorias por dia, mesmo que comesse exclusivamente chocolate e fritura, ainda assim perderia peso. Então por que não viver de açúcar, açúcar, açúcar? Por que não comer balas de caramelo e manter o peso? A resposta é simples: alimentar-se bem é sinônimo de uma boa saúde.

Phyllis é magra como um cavalo de corrida, mas vive de Coca diet e cigarros mentolados. Sofre de tosse crônica, que faz questão de ignorar, e se maquia habilidosamente, de modo a esconder a palidez de sua pele. Phyllis é elegantemente magra, mas não está em boa forma. Sua dieta mina sua saúde em vez de mantê-la.

"Sempre pensei que me alimentava muito bem", diz Peggy, que se dispôs a escrever um diário para perder cerca de 5 quilos que teimavam em não abandoná-la. "Quando comecei a escrever o diário, fiquei espantada ao ver o tipo de comida que eu escolhia. Eu vivia à base de cafeína e refeições ricas em proteínas e gorduras. Deve ser puro milagre que minha taxa de colesterol não fosse alta e que eu não sofresse de problemas cardíacos."

Muita gente percebe, ao anotar o que come, que consumimos nossa cota de calorias muito antes de o dia terminar. Depois de dois coquetéis e um hambúrguer ao final do expediente ainda estamos famintos e lambiscando na hora de ir deitar.

"Meus 5 quilos em excesso se deviam a esse lambiscar noturno", declara Peggy. "Tive que ser linha-dura comigo mesma. Descobri que, abandonando os coquetéis, eu poupava calorias que me permitiam um lanche noturno. Só precisei ser um pouco disciplinada — e me dispor a parar de racionalizar."

É o diário que abre os olhos de muitos de nós. Pensamos que sabemos quais são nossos hábitos alimentares e que conhecemos nosso estilo de vida, até vermos, preto no branco, quais são nossos padrões. Muitos de nós saltamos o café-da-manhã, ingerindo apenas um potinho de iogurte, convencidos de que contém poucas calorias e nos faz bem, embora a marca escolhida possa conter muito açúcar. Para outros, o fundo do poço é o happy hour. Em vez de um ou dois drinques, chegamos a consumir quatro, muitas vezes avantajados.

Uma caloria talvez não passe de uma caloria, mas, se muitas de nossas calorias advêm do álcool, temos um problema. Se muitas de nossas calorias advêm do açúcar, temos um problema. Se muitas de nossas calorias advêm de gorduras ou proteínas, temos um problema também. Comida simples e saudável é comida balanceada — isso significa nunca cometer excessos, seja qual for a hora indicada pelo ponteiro do relógio.

A história de Robert é uma história de sucesso. Gordinho quando criança, ele cresceu atormentado pelo excesso de peso e determinado a livrar-se dele. Freqüentou acampamentos em que perder peso era o programa. Ainda na adolescência, já freqüentava os Vigilantes do Peso. Nada parecia dar inteiramente certo — cada caloria que passava por seus lábios se transformava em gordura. Era infeliz e não conscientizado, até que teve contato com os rudimentos da alimentação simples e saudável. Há 15 anos ele mantém o peso desejado. Seu sucesso não se deve a dietas da moda nem a passar fome, mas a comer de maneira simples e saudável, de olho no controle das porções. Açúcar refinado, farinhas refinadas, alimentos muito ricos em proteínas foram banidos da sua dieta. Robert, um homem criativo, descobriu que, à medida que aumentava sua criatividade, seu peso baixava. Atualmente, além de se exercitar com regularidade, aderiu a um regime de vida que inclui tocar violão e cantar. "Eu conhecia bem as alegrias da comida", diz ele. "Comida era o que eu mais gostava. Precisei aprender a gostar de mim mesmo e passar a me alimentar de forma simples e saudável, e a gostar de tantas outras coisas boas que a vida tem a oferecer. Agora, em vez de ir a um acampamento para fazer dieta, vou acampar para tocar violão. Nos sábados pela manhã, tenho aulas de sapateado. Até como um pedaço de bolo de chocolate com pistache, mas é um pedaço pequeno, e aumento a dose de exercícios depois." Ninguém gostava tanto de comida quanto Robert e, ao ouvi-lo falar nisso, vemos que esse ainda é o caso. Ele tem um paladar apurado e no momento tem um emprego de meio expediente como provador em uma confeitaria de alto nível, e sua participação é fundamental para que o chef possa criar novas delícias.

"Nunca pensei que um dia me pagariam para comer", ele brinca, "mas esse é o meu prêmio por me alimentar de forma simples e saudável. As calorias que consumo são todas elas oriundas das melhores fontes, e sinto-me saudável depois que passei a me alimentar com carinho e cuidado".

TAREFA

Uma ilustração para controlar a porção

Pegue a caneta. Desenhe um círculo. Divida o círculo em seis partes. Intitule essas partes proteína, gordura, carboidrato, água, frutas e vegetais, e junk food. Depois marque um pontinho indicando o quanto você consome, muito ou pouco, de cada categoria. Perto do centro significa pouco, quanto mais perto da borda, maior a quantidade. Seu plano alimentar se parece com uma mandala bem equilibrada ou com uma tarântula entortada, torturada? Você bebe 2 litros diários de água como é recomendado? Muita gente não passa de 250 ml. Outra seção que costuma ser ignorada é a de frutas e legumes. A maioria das pessoas ingere poucos alimentos crus, apesar de suas qualidades saudáveis. A seção de carboidratos é geralmente a mais exagerada. Acreditem se quiserem, mas garanto que é possível fazer uma refeição sem acompanhá-la de pão e manteiga. Outra seção lotada de pontos ofensivos é a seção de proteínas. Comemos carne vermelha, e muita, dizendo-nos que, desde que seja magra, é saudável. Mas é possível cometer excessos, mesmo em algo que faz bem. Comemos pouco frango, e peixe, menos ainda, apesar de sabermos o quanto o salmão faz bem. A seção de junk food é onde todos mentem, pelo menos um pouquinho. Comemos porcarias diariamente, ao contrário do que acontece com frutas e legumes. Mas sentimos relutância em reconhecer que uma grande parcela do que consumimos não passa de calorias sem valor. As batatinhas ou castanhas ingeridas à noite muitas vezes escapam ao nosso radar.

Olhe para o seu desenho. Tente lembrar-se honestamente de tudo. Confie em si mesmo. Não perca tempo. É hoje o dia para começar a beber mais água. Hoje é um ótimo dia para lanchar frutas e legumes. Aí, no ponto em que você está, é o lugar certo para começar.

Exercício

Victoria é uma morena cheia de curvas. Se alguém lhe pedir a opinião, ela dirá que tem curvas demais. Medindo 1,55 m de altura, costuma pesar de 2 a 5 quilos a mais do que deveria. Quilos que não seriam tão óbvios em uma mulher mais alta. Para Victoria, a diferença entre gordinha ou atraente é muito simples de resolver: ela foi à academia? Como muitos de nós, Victoria tem a tendência a reter líquidos. Sessões de esteira, bicicleta ergométrica ou step fazem o inchaço desaparecer. Três dias depois de recomeçar a freqüentar a academia, Victoria consegue notar uma diferença. Quando é paquerada pelo charmoso treinador, ela paquera de volta, discretamente. Já não se sente surpresa por alguém achá-la atraente. Exercitando-se, Victoria se considera atraente.

"Roupas folgadas são a primeira coisa que abandono", ri. "Quando paro de me exercitar, eu me escondo dentro delas. Uso roupas alguns tamanhos acima do meu. Digo para mim mesma que isso me faz parecer mais magra, mas na verdade fico parecendo ainda mais gorda."

Depois de alguns dias na academia, Victoria começa a usar camisetas e jeans justos. Continua a se achar muito cheia de curvas, mas essas curvas já não parecem tão ruins.

"Começo a receber elogios. São um pouco duvidosos, mas não deixam de ser elogios. Por exemplo, nem sei dizer quantas vezes ouço: 'Gosto de mulher carnuda.'" Quando Victoria se exercita, ela diz a si mesma que sua "carne" é aprovada pelo Departamento de Agricultura. "Sou uma costeleta de cordeiro", graceja. "Sou um bife de filé mignon à moda de Nova York, com ênfase no mignon."

Quando se exercita regularmente, o peso de Victoria fica no limite aceitável dentro do padrão que ela mesma estabeleceu para si. Talvez tenha perdido apenas um ou 2 quilos, mas esses quilos são o suficiente para fazê-la sentir-se autoconfiante e sexy.

"Nunca vou ter a aparência de uma modelo", brinca Victoria, "mas quando me exercito gosto da modelo que sou".

Para muitos de nós parece que, quando nos exercitamos, nosso apetite diminui. Uma hora de esteira não nos deixa esfomeados, e sim satisfeitos. O exercício funciona como um acelerador do metabolismo. Além disso, quanto mais nos exercitamos, mais calorias queimamos, mesmo quando não estamos nos exercitando. Uma caminhada a passos rápidos depois de uma refeição pesada é um bom exercício. O mesmo acontece se esperarmos uma hora para depois ir nadar na piscina.

Eva se transformou de um patinho feio, como ela se considerava, em um flexível e gracioso cisne com a ajuda da caneta e da piscina.

"Eu não queria fazer algo como kick boxing. Queria um tipo de exercício que me permitisse meditar. Durante três das estações do ano, caminhar era o bastante para mim, mas na cidade em que moro o inverno é rigoroso, e recorri à natação em uma piscina aquecida. Gostei tanto que se tornou uma atividade para o ano inteiro. Sou escritora, e garanto que cada braçada se compara a um traço de caneta. Desde que acrescentei exercícios diários à minha rotina, nunca escrevi tanto e com tanta fluência."

A maioria de nós, ou, podemos dizer, todos nós somos sedentários demais. Se não fazemos questão de nos exercitar, não nos exercitamos. Para muitos de nós, adquirir o hábito de caminhar é o começo de tudo. Vinte minutos já são suficientes. Saltar do ônibus ou do metrô duas paradas antes do nosso ponto de destino, andar um pouco na hora do almoço — são ações afirmativas vitais. Outros adotam um sistema mais radical. Sua cota diária de exercícios chega a ser exaustiva, suficiente para queimar mais do que quinhentas calorias ao dia.

"Eu nem acredito, mas estou me tornando uma atleta", diz Mary Alice, uma loura provocante que costumava estar 10 quilos acima do peso. "Comecei a perder peso escrevendo as Página Matinais, que me mostraram logo que eu perdera o controle em matéria de comida. Quando desenhei a mandala, ficou toda torta. Eu não bebia água, não comia frutas nem legumes, e freqüentemente exagerava nas porcarias. Um cheesebúrguer com fritas era minha idéia de uma boa refeição, e era assim que eu me alimentava várias vezes na semana."

Mary Alice tinha uma vida muito sedentária. Não se exercitava há dez anos, desde os tempos de faculdade, em que fazia parte da equipe de remo. Embora gostasse de andar, gostava também de comer enquanto andava. Parava na entrada do parque para um cachorro-quente com refrigerante, mesmo que não estivesse com fome. As quatro perguntas lhe mostraram que ela muitas vezes comia quando não estava com fome, e ela tratou de estabelecer uma ligação mais firme entre seu corpo e sua mente.

Uma noite, durante um encontro de artistas na livraria Barnes & Noble, descobriu uma prateleira de vídeos de exercícios. "Acho que vou dar uma olhada nisso", surpreendeu-se pensando, e, a seguir, veio um pensamento incomum: "Talvez eu consiga." Na manhã seguinte, logo depois das Páginas Matinais, ela assistiu a um vídeo. Seguiu as instruções do animado instrutor e mal sentiu o tempo passar. "Para ser sincera, eu gostei", pensou consigo mesma, admirada. Para seu espanto, continuou apreciando os vídeos. "Essas coisas viciam", riu para si mesma. Sempre fora uma pessoa competitiva, e passou a apreciar o desafio de competir consigo mesma. E ainda teve um ganho inesperado: seu apetite aos poucos se autoregulou. À medida que aumentava seu metabolismo, ao mesmo tempo diminuía o desejo de comer em excesso. E não foi a balança que o mostrou sob a forma de quilos a menos; em vez disso, foi seu armário, sob a forma de roupas de tamanhos menores.

"Era muito estranho no início", diz Mary Alice. "Eu perdia gordura e ganhava massa muscular. Isso quer dizer que meu peso continuava o mesmo enquanto diminuía rapidamente o tamanho das minhas roupas. Investi na compra de um espelho de corpo inteiro e, depois de muitos meses seguindo esse regime, choquei-me ao perceber que aprovava a imagem refletida nele."

"'Você está ótima', ouço com freqüência. 'Você está com uma cara tão saudável.' Não dizem que estou magra, porque não estou. O que eu estou é sarada, em boa forma e firme. Isso para mim é melhor do que ser magra."

TAREFA

Você costuma fazer exercícios?

Seguir as dicas do Escreva e Emagreça exige exercícios para que seu metabolismo ganhe um empurrãozinho. Se você é habitualmente sedentário, uma caminhada de vinte minutos pode ser suficiente. Se você é uma pessoa mais ativa, vinte minutos de step, bicicleta ergométrica e esteira resolvem a questão. Ou, como Mary Alice, você pode preferir exercitar-se ainda mais — você é quem decide. Com a caneta na mão, pergunte a si mesmo:

Qual o tipo de exercício de que mais gosto?
Que tipo de exercício acho que gostaria de praticar?
Quais os tipos de exercício que estão ao meu alcance?

Mesmo em cidades pequenas, começam a aparece academias de yoga e pilates. Você pode vir a descobrir que há muitos tipos de exercício que você não se permite apreciar. Trotar montada em um belo cavalo é uma forma poderosa de exercício. O mesmo pode-se dizer de dançar salsa. Ou fazer kick boxing. Ou talvez tae kwon do. Você talvez diga "Estou muito velho" ou "muito pesado", para praticar o tipo de exercício que mais o atrai. Não tenha tanta certeza. Até mesmo nas ruas movimentadas de Manhattan vemos ciclistas na casa dos 70 anos. A dança também atrai gente de todos os sexos e idades. Você é quem decide o que vai fazer, mas faça alguma coisa.

Pegue a caneta, pergunte a si mesmo que tipo de exercício seria o ideal para você. Talvez você descubra que tem vontade de aprender esgrima. Ou pode lembrar que já teve paixão por vôlei ou rúgbi. Talvez algumas de suas memórias mais queridas da juventude sejam físicas, e talvez você ainda se sinta fisicamente ativo. Aos 60 anos, pode comprar e aproveitar uma bicicleta. Aos 70, ainda pode praticar ciclismo ou talvez caminhar diariamente. A natação é outro esporte não restrito aos jovens. Talvez, olhando para dentro de si mesmo, descubra que viver deitado na frente da televisão, como vem acontecendo, não faz o seu tipo.

H_2O

Digamos que você esteja seguindo "direitinho" sua dieta e o programa de exercícios. Mas a balança, aquela teimosa, recusa-se a baixar. O que você está fazendo de errado? "Nada" pode ser a sua resposta, e você se sente à beira do desespero. Existe algo de errado que você está fazendo, e é algo tão simples que é fácil esquecer. Uma dieta bem-sucedida se compõe de 1/3 dieta, 1/3 exercício e 1/3 consumo de água. De acordo com a nutricionista Sara Ryba, para uma dieta ser bem-sucedida é preciso tomar 2 litros de água pura por dia. Isso equivale a oito copos de 250 ml, mais do que maioria de nós consome se não for alertado.

Precisamos estar mais atentos quando o assunto é água. Precisamos enxergá-la como algo bom, que promove a saúde, algo benéfico e, mais animador ainda, algo que ajuda a perder peso.

"Visualizo a mim mesma lavando as calorias para fora do organismo", diz Judy. "Todas as vezes que como, bebo um copo cheio de água. Visualizo essa água percorrendo meu organismo, lavando os resíduos e toxinas."

A água lava, com certeza, os resíduos e toxinas. Deveria bastar a vaidade para nos fazer beber água. Com poucos dias de muito consumo de água, a pele se torna mais firme. Parece que lavamos o inchaço que restou do consumo exagerado de açúcar. Antes mesmo que a balança registre uma diminuição de peso, ganhamos uma aparência mais magra e bem disposta. "Você emagreceu?", muita gente pergunta. E respondemos: "Estou tentando." "Pois você deve estar fazendo a coisa certa. Você está ótima."

A água pode fazer a diferença entre a aparência boa e a ótima. Ajuda-nos a perder quilos, mas cria a ilusão de perda muito antes que essa se torne realidade.

"Detesto beber água", reclama Joanie. "Parece uma coisa tão sem propósito." Joanie está lutando contra 2 quilos obstinados, dos quais poderia se livrar simplesmente bebendo água.

"A água tira o meu apetite", diz o sensato Fred. "Compro água mineral em embalagens de seis, e mantenho uma dessas embaixo da minha mesa no escritório. Bebo regularmente, e na hora de ir para casa só falta tomar mais dois copos."

"Se o seu peso não se altera e o ponteiro da balança não se move, tente aumentar o consumo de água", sugere Sara Ryba, que muitas vezes já viu água "derreter" aqueles últimos quilos teimosos que um cliente se esforça para perder.

"Adoro água", diz Sonia. "Acredito que a água me deixa com as idéias lúcidas e firmes. Quando me encontro em situação estressante, muitas vezes pego um copo d'água. É como beber lucidez líquida."

Michele, uma juíza, mantém água no tribunal e bebe aos goles o dia todo. "Acho que me ajuda a pensar com clareza", ela afirma, "e a não ganhar peso por causa do trabalho sedentário".

Jacqueline, cuja dieta foi coroada de sucesso, encomenda água aos caixotes. "Compro água gasosa, sem gás e também com sabores", ela diz. "Quando estou enjoada da água que bebo, simplesmente mudo de marca. Ganho a vida escrevendo, e tenho sempre uma garrafa de água sobre a escrivaninha. Quando saio para caminhar, levo água. Bebo aos goles, o tempo todo."

"Eu era um cético", diz John, um advogado que lutava contra seu sobrepeso de 10 quilos. "Simplesmente não entendia como a água podia ajudar. Para falar a verdade, até achava que água engordava, mesmo sabendo que não contém calorias. 'Ao menos tente', aconselhava minha nutricionista. Costumo considerar-me um sujeito de mente aberta, então estoquei água no meu escritório e pedi à minha secretária que me lembrasse de beber. 'Odeio isto', eu protestava a cada vez que ela me chamava à ação. E odiava mesmo. Mas logo na primeira semana perdi 1,5 quilo daqueles quilos teimosos. Foi o suficiente para me convencer."

Mitchell, um cabeleireiro, afirma que sempre percebe quando alguma cliente está seguindo um regime de água. "Dá para notar na pele e pelo brilho nos olhos", ele afirma. "Parece até que elas fizeram algum tratamento, mas é a água, simplesmente, que as rejuvenesce. Passei a beber água também", ele confessa, e dá uma risada.

"A água me faz sentir uma atleta", diz Sandy. Como ex-maratonista, ela sabe do que está falando. "Digo para mim mesma que estou em treinamento e que meus músculos precisam de água para um bom desempenho. Quando exagero no açúcar — o que, infelizmente, ainda faço algumas vezes —, bebo doses extras de água para desintoxicar."

Aumentar o consumo de água é a chave para uma dieta bem-sucedida. Há quem compre às caixas. Outros mantêm água na geladeira. Alguns de nós preferimos jarras de água filtrada. Aprendemos todos que água "funciona". Para os que detestam o gosto da água comum, à moda antiga, existem marcas de água com sabor de fruta, e água gaseificada, que também contam (infelizmente, refrigerantes diet, café e chás cafeinados não contam).

TAREFA

Honra ao H_2O

A meta é beber 2 litros por dia. Muitos de nós não a atingimos. Em seu diário, faça um relatório da água consumida, anotando em preto e branco qual é o seu consumo. Você tem resistência a beber água? Muita gente tem. Pegue a caneta e escreva sobre sua resistência. Por que o fato de beber água o incomoda? Água pode dar uma sensação de plenitude. Ameaçado por um ataque às guloseimas, beba um copo d'água e veja se a fome continua. Muitas vezes, não. Que estratégia você pode adotar para consumir mais água? Você precisa ter água em seu escritório? Junto à televisão? Ao lado da cama? Imagine que cada dia é uma caminhada através do deserto. Cada intervalo é um oásis. Trace um plano de consumo. Siga-o durante alguns dias, depois suba na balança. Aqueles quilos teimosos não estão se derretendo aos poucos? Muitas vezes, você verá que sim.

Alimentos frescos

No jantar de hoje à noite, preparei salsicha de peru light, que comi com pêra gelada e fatiada. A salsicha estava suculenta. A pêra estava deliciosa, muita suculenta. Foi uma refeição simples, mas muito agradável. As melhores coisas da vida são muitas vezes as mais simples. Descobrir coisas simples que sejam do nosso agrado é uma arte.

"Quando comecei a escrever o diário, passei a anotar minha alimentação de cada dia e descobri que quase todas as minhas refeições se compunham de alimentos industrializados", diz Angie, mãe de quatro filhos. "Minha idéia do que fosse uma refeição rápida não tinha a ver com salada e frango grelhado. Era macarrão com molho de queijo ou uma caçarola de atum. A julgar pela página, tudo o que eu comia era engordante só de olhar. Eu sempre me dizia que cozinhava para as crianças, mas, na verdade, cozinhava aquilo que agradava a mim especialmente."

"Experimente comer alimentos frescos", eu disse a Angie. "Comece o dia com iogurte natural e morangos frescos (ou outra fruta do gênero), no lugar de uma coisa industrializada."

"Isso me parece muito radical", replicou Angie, pouco convencida, mas disposta a tentar a inclusão de alimentos frescos em sua dieta.

"Experimente saladas", insisti.

"Agora você está exigindo demais", ela respondeu.

Vivemos num país repleto de lojas de conveniência e em uma época de comida de conveniência. São alimentos que passam por inúmeros processos e não contêm os nutrientes dos quais precisamos. Frutas e legumes frescos, carnes magras e peixe, levemente grelhados, esses são os alimentos que nossos corpos desejam se nos damos a oportunidade de aprender a apreciá-los. Pode ter certeza: para muitos de nós, os alimentos frescos são um gosto adquirido.

"Sempre pensei que saladas davam muito trabalho", confessa Angie. "Foi um choque descobrir que preparar uma salada tomava o mesmo tempo que fazer uma torrada."

Uma boa salada consiste em verduras frescas e cerca de 120 gramas de proteína magra. A proteína pode ser frango ou bife grelhado, uma porção de atum ou salmão, talvez um pouco de queijo. É fácil fazer uma boa salada, e nosso corpo agradece. E, em vez de nos levantarmos da mesa lentos e entorpecidos, nos sentimos energizados. Nos reabastecemos de um modo que nosso corpo compreende.

"Anotando tudo que comia, progredi muito", diz Angie. "Descobri que podia facilmente preparar comida fresca em duas de cada três de nossas refeições. A diferença se fez notar na balança e no meu guarda-roupa. Em pouco tempo as roupas estavam folgadas na cintura."

"É tão simples que até parece bobagem, mas comprei uma panela para cozinhar no vapor", conta June, que lutava para perder 10 quilos que havia acumulado depois da menopausa. "Passei a cozinhar no vapor vagens, brócolis, couve-flor e abobrinha. Acrescentava molho de soja com baixo teor de sal e gengibre ralado, e ficava delicioso. Perdi 5 quilos de saída."

June levou a primavera e o verão para perder os 10 quilos que desejava perder. Ela, que vestia roupas tamanho 48, passou a vestir 44. Não ficou magra, mas ficou elegante, bem-disposta e com aparência mais jovem.

"Soube que o resultado havia sido bom quando minhas amigas começaram a perguntar se eu havia feito um lifting no rosto", ri June. "O mais engraçado é que já não achava que precisava de um."

Uma nutricionista que conheço chama os alimentos frescos de "fonte da juventude". Ela fala para suas clientes que perderão não apenas quilos, mas anos de idade. "Elas não acreditam", diz a nutricionista, "mas passam a acreditar quando a balança e o espelho comprovam minhas palavras".

Seja o mais fiel possível aos alimentos frescos e estará no caminho certo. Alimentos cozidos no vapor são preferíveis aos cozidos em água. Grelhado é melhor do que assado ou frito. Muitas frutas e verduras são deliciosas cruas. Uma geladeira bem estocada deveria conter um estoque de aipo e cenoura picados para os momentos de ataque às guloseimas.

"Meus gostos mudaram", comunica Angie. "Agora gosto mais de alimentos frescos do que desses alimentos que servem como consolo. E gosto bem mais do novo visual."

TAREFA

Um inventário do seu estoque

Pegue a caneta. No seu diário, faça um inventário dos alimentos que você tem em casa. Isso significa examinar a despensa, os armários e a geladeira. A cada alimento, pergunte a si mesmo: "Isto é saudável? É fresco? Pode ser trocado por algo melhor?" A maioria perceberá que temos poucos alimentos frescos. É preciso fazer um estoque de frutas e legumes frescos. Temos biscoitos e bolachas, mas não temos maçãs e cenouras. Temos empadões e lasanha no congelador, mas não temos vegetais congelados.

"Do que eu preciso aprender a gostar?", é preciso perguntar a si mesmo, lembrando-se de que, como já dissemos, alimentos frescos são um gosto adquirido. Terminado o inventário, chegou a hora de descartar os alimentos que engordam, dos quais você já não precisa. Para isso, pegue uma caixa grande de papelão e encha-a até quase a borda se puder. Agora chegou a hora de se desfazer dos pacotes de macarrão, dos molhos à base de queijo, dos cereais açucarados, dos biscoitos baratos comprados a granel. Misturas para pudim, sopas cremosas enlatadas, atum enlatado em óleo e não em água, batatas chips e todos os demais tipos de chips, bolachas — nada disso tem grande valor nutritivo e é altamente calórico. Frutas em calda, gelatina que não seja diet e, é claro, sorvetes — todos eles também devem ser descartados. Escolha um amigo ou instituição de caridade a quem doar sua caixa de alimentos que ainda não foram abertos. Respire fundo. Mudanças — inclusive mudanças para melhor — podem provocar tontura. Pegue novamente a caneta e faça uma lista de alimentos saudáveis que você precisa comprar. Pegue a lista e vá às compras.

Sexo

Vivemos em uma cultura altamente sexualizada. O sexo é usado para vender roupas. O sexo é usado para vender perfume. O sexo vende cerveja e carros. As páginas cintilantes de nossas revistas estão repletas de fotos de modelos — criaturas idealizadas e sexualmente atraentes que têm "tudo em cima". Não é verdade que o modelo de uma mulher é magra e enxuta? Não é verdade que o modelo de um homem tem um peitoral e abdômen sarados? Vendem-nos uma imagem à qual aspiramos. E essa imagem é muito mais magra do que a norma nacional. Basta viajar por aí para perceber que o país está acima do peso. Na fila das lanchonetes, enchendo nossos estômagos assim como o tanque dos carros nos restaurantes de beira de estrada, a América não parece nada sexy.

Quando comemos demais, nossa libido diminui. Sedamos nossa sexualidade. E mesmo sentindo a necessidade de nos relacionarmos, dizemos a nós mesmos que somos gordos demais para sermos atraentes para alguém.

June divorciou-se aos 45 anos, quando pesava 65 quilos. Muito tímida, em sua solidão recorreu à comida para se consolar e rapidamente ganhou mais 4 quilos. Embora ansiasse por companhia, recorria a sorvetes Häagen-Dazs para preencher essa lacuna. "Quem vai me desejar? Estou gorda demais", queixava-se às irmãs, que não eram mais magras do que ela, mas eram bem casadas. Durante dez anos, a dieta de June não passava de sonhos e de muitos carboidratos. Enquanto seu desejo era ir ao cinema com alguém, contentava-se em ficar em casa com um vídeo e um pacote de biscoitos. Quando Frank a convidou para sair, June levou tamanho susto que quase recusou. Ele insistiu e ela acabou aceitando um convite para jantar.

"Sabe que faz muito tempo que desejo me aproximar de você", disse ele, "mas tinha medo de me precipitar".

"Dez anos são um período de luto bem respeitável", riu June, embora seus dez anos de solidão não tivessem sido nada engraçados. Foi um jantar amigável e, uma semana depois, mais um. Passado um mês, ainda estavam saindo juntos, e June começou a sentir pânico com a questão do sexo. Frank era encantador. Não pressionava, mas também não desistia.

"Mais cedo ou mais tarde você vai dizer sim, então por que não diz logo?", ele insistia. Um tanto contra sua vontade, June disse: "Está bem, concordo." De volta ao apartamento dela, Frank tirou-lhe a roupa carinhosamente. "Nossa!", ele disse, "você deveria ter avisado de que haveria uma agradável surpresa". Se Frank achou que June estava acima do peso, não deu a perceber. Nem naquela noite nem nas noites que se sucederam. Primeiro foram amantes, depois noivos e finalmente se casaram. E, à medida que se sentia mais feliz e menos solitária, June foi aos poucos abandonando o hábito de comer à noite.

"A comida, para mim, era um substituto do sexo", June agora admite. "Mas o substituto nem chega aos pés da coisa verdadeira."

Assim como June, muita gente com alguns quilos a mais se sente insegura quando o assunto é a cama. É um círculo vicioso: comemos porque sentimos falta do sexo; não fazemos sexo porque comemos demais.

Elaine, que tem uma boa situação financeira, contratou uma cozinheira e um personal trainer para ficar em forma e ter sua vida sexual renovada. Vivia segundo uma dieta monástica. E passou por um regime digno do Olimpo. Atraiu o olhar de Pavlo, dono de um restaurante. “Venha jantar no meu restaurante”, ele insistia sempre que seus caminhos se cruzavam. Ela tinha vontade de responder: “Não posso ir ao seu restaurante porque a comida de lá engorda muito! Você nunca mais olharia para mim se eu me tornasse freguesa do seu estabelecimento!” Pavlo foi insistente, Elaine se sentiu lisonjeada e acabou aceitando o convite dele, primeiro para jantar, e depois para a cama.

“Ele me diz que gosta de mulheres maduras, com experiência”, diz Elaine. “E diz que gosta de mim com um pouco de carne extra em cima dos ossos, e, tenho que admitir, parece que ele gosta mesmo de mim.”

“Americanos são engraçados!”, exclama Pavlo. “Uma mulher é como um bom bife, melhor se não for magra demais.”

Nem todo mundo encontra um Pavlo. Embora muitas de nós sonhem com a existência de um. Mas, se formos honestas, muitas de nós estamos superalimentadas, mas famintas — famintas de sexo, sensualidade e afeto. Se uma refeição compartilhada é um sinal de jovialidade, excessos alimentares são marcados pela solidão.

“Estou com excesso de peso e carente de sexo”, diz Melanie. “Há uma década sou pesada demais — e solitária demais. Não gosto de admitir, mas me deixei levar pela imagem vendida pelas revistas. Não sou magra como uma modelo, então não me sinto qualificada para encontros românticos. Quando um homem se mostra interessado em mim, penso logo: ‘Deve haver um engano!’ Na verdade o engano reside na minha obsessão em ser magra. Digo a mim mesma que só quando puder usar roupas tamanho 42 vou poder voltar a um quarto. No momento, na melhor das hipóteses, meu tamanho é 48.”

“Meu corpo parece tão rechonchudo”, diz Anne, “que nem gosto de tocá-lo. Nem consigo imaginar que alguém goste. Sei que isso é autodepreciação, mas não consigo me encaixar nesses artigos de revista que dizem ‘procure o romance’. Digo para mim mesma que talvez fosse possível se eu fosse magra, mas não sou. Estou 10 quilos acima do peso e, quando vou para a cama, sinto-me como um saco de batatas. E isso não é lá muito sexy, não é mesmo?”

Um dia, não tão distante assim, o corpo de Anne seria considerado ideal. Uma rápida visita a um museu de arte mostra que pintores como Rubens admiravam um corpo carnudo. A carne, entretanto, saiu de moda. Anne não é mais a amante ideal de ninguém.

Se, na realidade, o país está acima do peso, o ideal nacional é esquelético. Entre esses extremos está a imagem do corpo saudável que se adapta à realidade do DNA e do envelhecimento.

"Eu pensava estar 10 quilos acima do peso até que perguntei a mim mesma o que eu realmente achava atraente. Não era alguém magricela nem jovem. Seria uma mulher 'de uma certa idade', provida de curvas e algum peso emocional. Isso me deixou animada. Eu estava 5, e não 10 quilos acima do peso. Perder 5 quilos parecia possível."

TAREFA

Qual é seu verdadeiro ideal?

Pegue a caneta. Descreva para si mesma qual é para você o seu verdadeiro tipo físico ideal. Você é mais rechonchuda do que raquítica? Mais sensual do que varapau? Você está mais perto do que pensava do seu ideal? Se puder, vá até um museu importante. Veja como as pessoas têm formas diferentes. Através dos séculos, diferentes tipos físicos dominaram como ícones de beleza. Permita-se apreciar os diferentes tipos que têm sido alvo da admiração. Você se parece com uma musa de Rubens? Ou com uma de John Singer Sargent? Leve o tempo que for preciso para contemplar as muitas formas femininas que vêm inspirando artistas através dos tempos.

Se o museu tiver uma loja de souvenirs, compre cinco cartões postais que glorifiquem o tipo de corpo que se assemelha ao seu. Então, com os cartões na mão, sente-se em um café, peça um cappuccino e enderece os postais a você mesma. Escreva pequenas frases afirmativas a respeito da beleza de suas próprias formas. Talvez você prefira enviar os postais com uma frase simples, do tipo: "Você está mais perto do que pensa."

A primeira refeição

"Um café para viagem", pedimos, dizendo a nós mesmos que fomos inteligentes e louváveis ao começar nosso dia economizando calorias. Isso não é ser inteligente, nem mesmo louvável. Um dia que não se inicia com uma boa refeição é um dia que começa mal. O café-da-manhã é o combustível que fornece a energia para atravessar o dia.

"Sei que *devo* comer", diz Carole, "mas simplesmente não tenho fome. Há dias em que meu apetite só aparece lá pelas quatro da tarde. Nesse intervalo, vivo de cafeína". Se carrega alguns quilos a mais — quase 5 —, Carole não percebe que isso se deve ao fato de "pular" o café-da-manhã e depois se permitir um prêmio em comida mais tarde.

"Digo a mim mesma que, já que me comportei tão bem, tenho direito a me comportar um pouquinho mal", graceja Carole. Quando as crianças chegam da escola, na maior algazarra, ela prepara para si sanduíches de manteiga de amendoim com geléia, ou leite com biscoitos. Faz mais alguns lanches até a hora do farto jantar e diz a si mesma que ela merece, já que não comeu *de verdade* na hora do café-da-manhã e do almoço.

Uma mulher precisa, em média, de 1.900 calorias por dia para manter seu peso. Boa parte dessas calorias deveria provir da primeira refeição do dia. Ao comermos pela manhã, damos a partida em nosso metabolismo, que queima as calorias com rapidez e eficiência à medida que as horas vão passando. Se pularmos o café-da-manhã, ralentamos o metabolismo até quase a parada total. E as calorias que consumimos mais tarde, ao correr do dia, queimam mais lentamente.

"Detesto o café-da-manhã", resmunga Abigail. "Não tem nada de que eu goste. Não quero aveia nem quero granola. O que eu gosto de comer são proteínas, então espero pelo almoço." Embora Abigail finja não saber disso, é bem possível ingerir proteínas no café-da-manhã. Ela poderia saborear filé de salmão, uma salsicha light grelhada e até queijo cheddar curado acompanhado de uma maçã. A primeira refeição do dia não precisa ser necessariamente um café-da-manhã típico.

Valerie, uma vegetariana, libertou-se da tirania do café-da-manhã tradicional. "Gosto de comer salada pela manhã", diz ela. "Às vezes ainda há salada que sobrou da véspera. Pode não ser o mais atraente para todo mundo, mas para mim é um começo perfeito para o dia."

Kiki, que adora se exercitar pela manhã, prefere iogurte com manteiga de amendoim em sua primeira refeição. "Pode soar horrível, mas acho delicioso, e contém 35 gramas de proteínas. Treino muito com pesos e sei que meus músculos reagem melhor ao exercício se eu ingerir proteínas antes e depois do exercício. Os resultados são evidentes."

Para muita gente, o problema do café-da-manhã está ligado à rotina que o cerca. Comemos as mesmas coisas todos os dias — iogurte com canela e adoçante, por exemplo (meu favorito). Não queremos perder tempo nem nos dar ao trabalho de cuidar bem de nós mesmos. Até um omelete de clara de ovo feito com alguns legumes nos parece exigir muito esforço. Consideramos que o café-da-manhã é uma obrigação a ser cumprida, e não uma refeição a ser apreciada. Depois que começamos a fazer regularmente essa primeira refeição do dia, nosso apetite por ela aumenta. Se fizermos um diário sobre nossa alimentação, vamos logo perceber se negligenciamos ou não essa refeição que dá início ao dia.

Ha muitos que pecam no sentido oposto, é claro. "Sinto falta de um bom café-da-manhã", costumamos dizer, mas usamos o termo "bom" como sinônimo de calórico. Fazemos panquecas para as crianças e nós acabamos comendo algumas também. Estacionamos diante de uma lanchonete e fazemos um carregamento de ovos, salsichas, bolos, queijo e frituras. Dizemos a nós mesmos que precisamos nos abastecer — o que é uma verdade —, mas fazemos transbordar o tanque.

"Fui criado segundo a crença de que um 'bom' desjejum é indispensável", explica Anthony. "Isso queria dizer ovos, bacon, torradas e frituras. Sempre que eu tentava emagrecer, meu primeiro pensamento era: 'Eles não podem querer que eu simplesmente abandone o hábito de uma primeira refeição.' Foi preciso muita disciplina para eu me reeducar, para entender que um iogurte e meia xícara de morangos, mais uma xícara de café com leite, depois um lanche bem leve, seriam capazes de me sustentar até a hora do almoço. Acabei percebendo que, se eu fizesse um desjejum razoável, eu comia de modo razoável durante o dia também."

Ao utilizar o diário de alimentação para descobrir pontos de resistência, muitos de nós descobrimos que apreciamos uma refeição matinal moderada, porém substanciosa, que, exatamente como sempre nos ensinaram, começa bem o dia. Quando morei em Taos, no Novo México, o café-da-manhã era o sinal de que havia chegado a hora de levar os cachorros para um longo passeio. Eu colocava a matilha de perdigueiros na caçamba da minha velha picape, tomava por uma estrada de terra até os bosques de artemísias, estacionava ao lado da estrada e fazia sinal aos cães que era hora de "dar a partida", o que funcionava como um sinal para que meu metabolismo fizesse o mesmo. Um bom café-da-manhã e uma boa caminhada dão a partida em nosso metabolismo, empurrando-o para a frente. Depois de uma comprida volta através das artemísias, eu voltava para casa e para minha escrivaninha, e para minha vida sedentária de escritora. Nos dias em que faltava à minha caminhada matinal, eu praticamente sentia a gordura acumulando-se. Nos dias em que combinava um bom desjejum e uma boa caminhada, sentia somente meus músculos.

TAREFA

Como quebrar o jejum?

Pegue a caneta. Como é a sua primeira refeição do dia? Você começa o dia com um cafezinho apenas, para mais tarde recorrer a gulodices? Você come demais, reencenando para si mesmo uma cena do filme *Super Size Me — A Dieta do Palhaço*? Ou você prefere, como Valerie, começar o dia com uma salada? Talvez você precise, como Anthony, repensar o que é na realidade um bom café-da-manhã. Muita gente prepara de véspera as delícias para o desjejum. Uma cesta de frutas frescas pode durar muito como acompanhamento para iogurte light. Você come o mesmo que seus filhos, dizendo que dá muito trabalho fazer algo especial para si mesma? Hoje em dia, costumo conferir de véspera quais são meus suprimentos para o desjejum. Às vezes tenho que fazer uma viagem noturna rápida à mercearia para comprar melões ou morangos, mas a saída vale o bem-estar que sinto pela manhã.

A geladeira

"Minha geladeira parecia um campo de batalha, e era eu quem estava perdendo a guerra", graceja Dee Dee. "Eu tinha sempre à mão um leque de comidas altamente calóricas — geléias, gelatinas, condimentos — e muito pouca coisa que eu realmente pudesse comer. Minha geladeira era minha inimiga, e não minha aliada."

Para muitos de nós, a geladeira é um território hostil. Em vez de estocar alimentos frescos e deleitáveis, é um depósito de sobras de quentinhas, queijos mofados, verduras murchas e frutas estragadas. Não limpamos nossas geladeiras tantas vezes quantas deveríamos, nem a organizamos de modo que seja possível seguir uma dieta simples e saudável.

"Eu tinha uma geladeira cheia de biscoitos", admite Jenny. "Dizia que meus filhos precisavam de lanches saudáveis e que biscoitos caseiros significavam amor. Também significavam calorias, e eu pegava um biscoito aqui e ali, o dia inteiro, e pensava: 'é só um biscoitinho'."

Pertinho dos biscoitos de Jenny havia um pote de sorvete. E ela várias vezes se servia de uma colherada, mas não comia muito de uma vez só, a ponto de disparar o alarme. Muita gente precisa expurgar da geladeira lanches ricos em calorias. Precisamos aprender a fazer substituições inteligentes, adequadas a nós e a nossas famílias.

Jenny descobriu que seus filhos adoravam picolés feitos com suco de frutas — pobres em calorias e ricos em vitamina C. Eles gostavam também de frutas frescas e iogurtes. Tudo isso era para eles tão delicioso quanto os biscoitos e sorvetes.

"Sobras de comida eram a minha perdição", diz Fred. "Eu dizia a mim mesmo que estava sendo econômico quando guardava as sobras de uma refeição. Mas o que eu estava fazendo era deixar à mão uma série de lanches ricos em calorias." Quando jantava em um restaurante, Fred levava sempre uma quentinha para casa, inclusive pãezinhos do couvert que haviam sobrado.

"Nunca era o suficiente para outra refeição, mas era o bastante para um lanche altamente calórico. Nunca encarei isso como um problema. Sempre achei que estava sendo econômico. 'Pense nas criancinhas famintas da Índia', ensinava minha mãe. Eu não estava nem um pouco faminto, mas aprendi a 'limpar' o prato." Visitar a geladeira de Fred era como passear pelos corredores de uma feira de alimentos. Havia sobras de vitela à parmegiana, sobras de petiscos chineses, de galinha ao curry, espetinhos de porco à tailandesa — todos deliciosos e quase sempre engordantes. Além disso, ele tinha mania de Tupperware. "Sempre que fazia comida para mim, guardava uma parte em um Tupperware. Feijão, macarrão com molho de queijo, salpicão de frango, tudo em potes, até mesmo torta de morango."

Para muita gente, a geladeira é, como é para Fred, um baú do tesouro de algum pirata, repleto de tentações. Guardamos coisas que não deveríamos comer — e dizemos que não vamos comê-las, mas é o que acabamos fazendo. Pode ser um punhado de amêndoas tostadas na hora de dormir, um biscoito com uma ou duas fatias de queijo brie, uma colherada de salada de caranguejo com muita maionese. São lambiscadas deliciosas e não constituem uma refeição, é o que dizemos, simples lanches, mas não são esses os lanches que devemos ingerir.

"Precisei reprogramar toda minha geladeira", diz Andrea. "Sentei-me no chão da cozinha com uma caixa grande e revistei a geladeira, prateleira por prateleira. Custei a acreditar na quantidade de comidas gordurosas e calóricas que eu havia estocado. Até parece que eu iria morrer se jogasse fora uma simples migalha."

Como Andrea, muita gente precisa sentar-se para uma boa conversa com a geladeira. Chegamos a descobrir que guardamos comida "para ocasiões especiais" mesmo depois que a ocasião especial já passou. Uma garrafa de cerejas no marasquino, um vidro de pêra em conserva, outro de pequenas salsichas de coquetel, vários potes de azeitonas. Nada disso serve para um lanche permitido, mas nos convencemos de que vamos apenas "provar um pouquinho", e vamos lambiscando um pouco de cada item.

"Precisei de um esfregão, uma esponja, detergente e água sanitária", relata Andrea encabulada. "Ao mesmo tempo que me orgulho de manter a casa bem limpa, minha geladeira estava cheia de mofo nos cantos. Na gaveta de verduras havia aipo murcho e berinjelas ressecadas. Havia cebolinha e alho poró também murchos e batatas com brotos. Tenho que admitir que encontrei várias baratas congeladas. Foi horripilante."

Para dentro da enorme geladeira de Andrea, vidro após vidro de geléias e gelatinas envelheciam, algumas já mofadas. Muitas embalagens já haviam passado do prazo de validade. Andrea, como muitos de nós, acreditava que refrigeração valia para sempre. Para ela, quando o assunto era alimentos frescos, seria preciso colocar uma ênfase especial na palavra "frescos".

TAREFA

Por onde começar

Você vai precisar de um bom produto de limpeza, esfregão, esponjas, uma escovinha e várias caixas vazias. Comece pelo alto — abra a porta do congelador e vá fundo. O que é aquela massa visguenta branca? Glacê congelado? Para que servem três potes de sorvete pela metade? Por que há amêndoas congeladas no seu congelador? E aqueles saquinhos plásticos para congelar alimentos, cheios de frutas, estão cobertos por pontas de gelo e em mau estado. Agora vá para a geladeira propriamente dita. Uma gaveta ou prateleira de cada vez, transfira o conteúdo para as caixas. Guarde apenas o que estiver realmente fresco e em bom estado. Confira cuidadosamente as embalagens de sucos. Quantos deles são altamente calóricos? Você vai perceber que a maioria deles é. Esfregue as prateleiras, as gavetas, a porta e deixe à mão um pote de bicarbonato de sódio. Agora você está pronto para recolocar na geladeira os itens que decidiu guardar. Se você fez um bom trabalho, vai sobrar espaço para os lanches e petiscos permitidos que vai comprar.

Pegue a caneta. Faça uma lista de todos os alimentos que você gostaria de ter em estoque. Algumas escolhas serão bastante pessoais — por exemplo: "Um lar não é um lar sem bons picles."

Com a ajuda das quatro perguntas, a essa altura você escolherá lanches permitidos durante um ataque às guloseimas. Trate de encher a geladeira com opções apetitosas, de baixa caloria — frutas, verduras, iogurtes desnatados, gelatina e pudins diet. Você precisa ter aquela sensação de "Uau! O que eu vou experimentar primeiro?" Não se surpreenda se passar a lanchar com menor freqüência — uma geladeira bem estocada dá a sensação de segurança. E quando nos sentimos seguros, menor é a tentação de comer em excesso.

Genes incomuns

Tenho uma amiga chamada Sylvia que come tudo o que quer. Sanduíches de queijo grelhado, batatas fritas e milk-shakes? Sem problema. Continua diáfana como uma sílfide. Doces árabes, rocambole, cheesecake de morango? Sem problemas, também. Sylvia é do tipo sedentário. Faz um pouco de ioga quando está a fim, o que não é sempre. E sempre telefona convidando para situações que engordam. "Que tal ir comer um *dim sum* no bairro chinês? Que tal ir lanchar naquela confeitaria italiana sensacional?" Destemidamente, Sylvia percorre toda Manhattan, uma meca para jantares altamente calóricos. Por mais que coma, continua vestindo tamanho 38. Então, qual é o seu segredo? Uma boa genética.

Ao vê-las de biquíni, as revistas correm atrás das celebridades, perguntando-lhes qual é sua dieta secreta. Surpreendida na praia de Malibu, Cameron Diaz disse que come qualquer coisa e tudo o que dá na telha. Qual é o seu segredo? Uma boa genética. Uma boa genética de estrela de cinema.

Meu amigo Conrad, um compositor, possui um corpo inteiramente composto por genes bons. "Se você vai escrever um livro sobre dieta, lembre-se de que as pessoas com uma boa genética são muito sensíveis. É fácil nos fazer sentir culpados. É o que nossos amigos fazem o tempo todo."

Tal como Sylvia, Conrad é um guloso inveterado. Bolos, bolinhos, biscoitos, balas — tudo isso fica invisível dentro de seu corpo esbelto. Sua noção de diversão sempre inclui jantar fora. "Primeiro vamos ao concerto, depois comer alguma coisa." Essa coisa geralmente engorda — mas não no caso de Conrad.

O dr. Christopher Barley, meu médico particular, é outro abençoado possuidor de uma boa genética. Com 1,93 m de altura, é magro como um jogador de basquete. Digo-lhe que invejo seus bons genes. "Todo mundo inveja", diz rindo o dr. Barley. "Mas sou cuidadoso com minha alimentação e vou sempre à academia." Como disse Conrad, ele também parece sentir-se um pouco culpado.

E o que fazer quando, em um casal, um dos cônjuges possui uma boa genética? Cozinhar para qual dos dois, se um pode comer impunemente comidas suculentas que, ao outro, só lhe fazem aumentar a medida da cintura? Seria justo condenar a metade magra do casal a uma dieta rigorosa?

Vicky mede 1,55 m e é curvilínea. Tudo o que come faz diferença em alguém do seu tamanho. Há pouco tempo, ela viveu durante quatro anos com um homem que tinha a sorte de possuir bons genes. "Ele estava sempre comendo", relembra Vicky, "e sempre queria que eu lhe fizesse companhia. No início eu concordava, mas foi uma catástrofe. Eu tinha que me exercitar horas a fio, diariamente, para compensar. Sentia-me como uma bola de pano, sempre envolta em roupas de ginástica, sempre tentando suar o jantar da véspera. Ele afirmava que adorava o fato de eu ser carnuda, mas eu não me amava. Por fim, chegamos a um acordo — ele podia comer tudo que lhe permitiam seus bons genes; eu comeria apenas o que fosse aprovado pelo nutricionista. Detesto dizer isto, mas foi um alívio quando terminamos".

A boa notícia quanto a uma boa genética, não querendo parecer despeitada, é que até os melhores metabolismos se tornam mais lentos um dia. "Até chegar aos 35 anos, não havia qualquer relação entre o que eu comia e a minha aparência", lembra-se Conrad. "Eu podia comer de tudo, qualquer coisa, e continuava magro. E era o que eu fazia. Agora, aos 45, ainda posso comer mais do que a maioria das pessoas, mas percebo que tenho uns pneuzinhos na cintura dos quais não consigo me livrar."

A companheira de Conrad ri maliciosamente das queixas dele. "Oh, o Conrad na certa vai dizer: 'Acho que engordei um quilo; preciso perdê-lo', e vai continuar comendo exatamente como sempre fez, mas esse quilo parece sumir de forma mágica enquanto ele dorme."

Se você está lendo este livro, provavelmente você tem que lutar no mínimo contra um pneuzinho na cintura. É preciso uma combinação de comida simples e saudável e exercícios para colocá-lo em forma.

Monica casou-se com um homem alto e magro, possuidor de bons genes. E, para piorar as coisas, era um corredor, o que lhe garantia jamais engordar sequer um grama. Embora seu interesse fosse a jardinagem, Monica decidiu lutar com as mesmas armas. Comprou uma esteira, que instalou no quarto apertado de ambos, além de uma televisão. Todos os dias, enquanto o marido se deliciava com montes de alimentos ricos em calorias, Monica se esforçava para comer de forma sensata. Quando ele saía de casa para correr, ela se dirigia para a esteira.

"Eu odiava aquela máquina, mas, com a TV para me fazer companhia, era tolerável. Eu me exercitava diariamente, ao mesmo tempo ouvindo o noticiário matinal. Tornei-me tão bem informada que, em pouco tempo, impressionava até meu culto marido. Eu não achava sexy ter uma esteira no quarto, mas me senti muito mais sexy depois que passei a usá-la."

TAREFA

Quais são os seus pontos fortes?

Pegue a caneta. Comece pelo alto da cabeça e examine-se até a ponta dos dedos dos pés. Anote e valorize os pontos em que seus genes são bons. Você tem uma linda cabeleira, olhos bonitos, maxilares bem definidos, bons dentes? Seus ombros são bem desenhados, os braços são graciosos, o peito é bonito? Talvez uma cintura fina lhe proporcione um corpo tipo violão. Você tem um bumbum que rivaliza com o da Beyoncé? E que tal bonitas pernas, e joelhos, pés e mãos igualmente bonitos? Todos nós somos favorecidos em algum ponto!

A caixa de Pandora

Muita gente se utiliza da comida para abafar ou esconder sentimentos. Com raiva do nosso cônjuge, achamos mais cômodo nos encher de chocolate do que chamá-lo para uma conversa séria. Chocados com o comportamento de um filho, repetimos a sobremesa, em vez de impor limites. Entristecidos pela fragilidade de uma mãe idosa, preparamos uma tigela de pipoca com manteiga ou recorremos aos biscoitos. Recorremos à comida como consolo ou como negação. "Afinal de contas, não está tudo tão ruim", nos diz todo aquele excesso de comida, e usamos as calorias como pequenos sedativos para encontrar uma sensação de paz.

"Que diabos, sim, tenho medo de fazer dieta!", retruca Jennifer. "Já sou explosiva; se me tirassem os lanches e petiscos, vocês teriam que lidar com uma fera. Quem sabe o tipo de caixa de Pandora que seria aberto?"

Quando alteramos o modo pelo qual nos relacionamos com a comida, alteramos nossa relação com todo o resto. E, ao perceber isso, muitas vezes temos medo de aderir a uma dieta — com medo de virar a canoa, mesmo que essa esteja lotada demais e tenha se tornado incômoda. Nossos sentimentos são muito intensos, dizemos a nós mesmos. Não podemos correr o risco de deixá-los vir à tona.

"Como saber o que eu seria capaz de fazer ou dizer?", diz Jennifer. "Quando fico com raiva, é raiva mesmo, e tenho medo de dizer algo de que possa me arrepender. Não é melhor pesar uns quilos a mais e continuar sendo gentil?"

"Seja gentil" é uma regra que muita gente leva a sério demais. Damos preferência à gentileza, em vez de procurarmos ser autênticos ou francos. A família e os amigos percebem vagamente esse teatro. "Mas me fala o que você *realmente* está sentindo", incentivam-nos às vezes, mas tememos dizer o que realmente sentimos.

A comida é o pára-choques que colocamos entre nós e a franqueza. Comemos uma fatia a mais de torta de nozes para não reclamar com o companheiro porque ele deixa a cozinha na maior desordem. "E daí?", nos perguntamos, e continuamos contando mentirinhas uma a uma. Uma vida construída sobre tais falsidades é uma vida baseada em desconfianças. Não confiamos nem em nosso próximo mais íntimo. Não acreditamos que ele seja maduro ou forte o suficiente para aceitar a verdade, então enfeitamos nossas relações, seguindo o ditado de Mary Poppins: "Uma colherada de açúcar nos faz engolir qualquer remédio." E muitas vezes somos premiados por esse comportamento meloso.

"Você é um doce de pessoa, tão paciente", é o que nos dizem muitas vezes, quando, no fundo, não nos sentimos nem doces nem pacientes. "Ah, se você soubesse", é o que muitas vezes nos pegamos pensando, enquanto, por dentro, fervem as emoções turbulentas. Tememos dizer o que sentimos. Temos medo de que, se o fizermos, seremos abandonados e, por isso, abandonamos a nós mesmos.

"Meus clientes precisam aprender que emoções desagradáveis não são o fim do mundo", explica uma nutricionista. "Mas também precisam confiar em que não lhes darei uma dieta que os deixará loucos com as privações. O que buscamos é uma perda de peso lenta, suave e saudável. Uma dieta simples e saudável, com refeições sensatas e lanches sensatos, regula também nossas alterações de humor."

"Quando iniciei minha tentativa de emagrecer, senti que era indispensável escrever as Páginas Matinais e manter o diário", afirma Andrew, que muitas vezes engambelava a si mesmo com comida quando tinha que dar telefonemas difíceis de trabalho.

"Percebi que temia meus sentimentos de vulnerabilidade. Comida me fazia sentir grande e forte. Precisei aprender que podia ser forte sem ser grande."

Igual a muita gente, Andrew precisava aprender que era possível sentir medo, mas mesmo assim fazer o que tinha que ser feito. Como se diz nos programas baseados nos 12 passos, era preciso sentir tudo e recuperar-se.

"Demorei algum tempo para encontrar meu jeito de me expressar, mas descobri em mim mesmo uma franqueza nova que, no final das contas, dava melhores resultados do que meu tom enérgico fortalecido por comida." Para muitos de nós, comida simples e saudável leva ao que podemos chamar de "vida saudável". Quando deixamos de usar a comida como sedativo, nos tornamos mais diretos em nossas trocas emocionais. No início, isso pode ser muito assustador. Logo aprendemos, entretanto, que honestidade abre caminho para mais honestidade. Nossa autenticidade leva a uma maior autenticidade por parte de nossos cônjuges, irmãos e filhos.

"Pensei que meu marido fosse me matar na primeira vez em que senti necessidade de dizer que estava com raiva", relata Mary Ann. "Não foi tão ruim quanto eu pensava. Ele me olhou um pouco assustado e disse 'não sabia que você se sentia assim'. Consegui dar uma risada e dizer: 'Nem eu.'"

Um dia de cada vez, uma revelação a cada vez, Mary Ann revelou seu "novo eu" — um eu que logo apareceu no espelho do seu quarto.

"Foi bem sutil", explica Mary Ann. "Foi como se a cada vez em que eu me arriscava a ser honesta eu fizesse murchar um pouquinho do meu peso extra. Não foi como nessas fotos 'antes — depois' que vemos nas revistas, mas gradualmente minha aparência foi mudando. Uma saia que estava pequena demais para mim passou a me servir, uma blusa muito apertada entrou. 'Você está muito bonita', disse meu marido quando nos aprontávamos para ir a um jantar de negócios. 'Vou cobrar esse elogio', respondi flertando. Havia anos que eu não o provocava sexualmente. Ficamos ambos espantados, mas contentes."

Quando abrimos a caixa de Pandora que contém nossos sentimentos proibidos, muitas vezes criamos maior intimidade com os que nos são mais próximos. Ousando revelar como nos sentimos realmente, ousamos também examinar os sentimentos deles. Pode ser um choque inicialmente, como se sacudíssemos o móbile da dinâmica familiar. Todo mundo treme um pouco, até se acomodar em uma posição nova.

"Meu marido disse: 'Vou levar um tempão para me acostumar com isso'", comenta Anita. "Durante oito anos nos empanturramos juntos, e quando iniciei meu diário ele se sentiu ameaçado. 'Para que servem essas páginas?', ele sondava, ou então: 'Você não vai mesmo comer a sobremesa?' Depois de algumas semanas assim, compreendi que ele havia sido meu facilitador, encorajando-me a comer demais e 'entendendo' meu mal-estar por causa disso."

"Dê tempo ao tempo", aconselha uma sábia nutricionista. "Fazer dieta altera a dinâmica familiar. Mas a família acabará se ajustando."

"Pensei que ia ficar doida", explica Dottie, mãe de várias crianças. "O que eu não esperava era me tornar sã. Minha família era mimada demais. Quando comecei a dizer não, não gostaram nem um pouco — no início. Quando fiz pé firme, começaram a me respeitar. Dava para notar pelo jeito com que passaram a me ajudar em casa — dobrando a roupa lavada, lavando pratos, recolhendo as coisas que deixavam espalhadas. Não parece muito, mas foi uma verdadeira revolução. Passei a usar roupas quatro tamanhos menores e deixei de lado meu papel de mártir."

Para muita gente, acontece uma nítida elevação da auto-estima quando somos bem-sucedidos em perder peso. Se antes nos considerávamos "fracassados", agora nos vemos como "vencedores". Se antes temíamos encarar nossos próprios sentimentos, quando passamos a fazê-lo descobrimos uma nova sensação de autoconfiança.

Ao abrir a caixa de Pandora das nossas emoções, descobrimos que se trata de um baú de tesouros, repleto de talentos perdidos e de sonhos irrealizados.

TAREFA

Levantando a tampa da caixa

Pegue a caneta. Numere dez linhas. Complete a frase seguinte dez vezes, preenchendo os espaços.

Se eu me permitisse admiti-lo, secretamente sinto______ _______________a respeito de _______________________.

Durante esse exercício, muita gente descobre que temos uma vasta gama de emoções ocultas sob a superfície. Por exemplo:

1. Se eu me permitisse admiti-lo, secretamente sinto medo pela saúde da minha irmã.
2. Se eu me permitisse admiti-lo, secretamente me sinto triste por estar distante de Laura.
3. Se eu me permitisse admiti-lo, secretamente me sinto frustrada por minha agenda sobrecarregada.

Pegue sua lista e examine-a cuidadosamente. A cada tópico, pergunte a si mesmo: "Existe alguma coisa que eu possa fazer para remediar essa situação?" Muitas vezes basta dar aquele telefonema interurbano há tanto tempo adiado. Veremos que Laura vai ficar contente por ter notícias nossas. Em outros casos, não há aparentemente nada que possamos fazer para desmontar nosso sentimento. Nesses casos, o melhor é repetir a Oração da Serenidade.

Concedei-me, Senhor, a serenidade necessária
para aceitar as coisas que não posso modificar,
Coragem para modificar aquelas que posso,
E sabedoria para distinguir umas das outras.

Descobrimos que, se já não podemos medicar nossos sentimentos turbulentos, podemos aprender a viver com eles. Nossa caixa de Pandora não é tão perigosa assim.

A manhã seguinte

Pesei-me hoje pela manhã. Como eu temia, tinha engordado 1,5 quilo. Como isso aconteceu? Era o que eu desejava exclamar, mas eu sabia o que havia acontecido. Durante a semana anterior, apesar de tudo que sei, passei por uma recaída. Uma hora foram biscoitos de gengibre e uma fatia de bolo de chocolate com menta de uma boa confeitaria. De outra vez foram punhados de amêndoas com canela. E também dois deliciosos sanduíches de bacon, tomate e alface e, é melhor admitir logo, uma porção de batatas assadas com bacon, queijo cheddar e creme de leite. A impressão era a de que eu *queria* engordar, e não emagrecer.

Minhas Páginas Matinais mostraram-me claramente que eu estava comendo assim para bloquear sentimentos. Eu andava preocupada com minha irmã, muito frágil, que passava por um episódio maníaco. E estava triste também porque uma amiga havia sido vítima de uma cirurgia malfeita no cérebro que a deixara parcialmente paralítica. Minha melhor amiga tinha sofrido com a morte de outra grande amiga sua. Tudo isso somado, fazia-me sentir vulnerável, triste e com raiva. Sim, eu sabia o que me estava roendo de tristeza, e comia como remédio para os meus sentimentos.

"Nada melhor que uma cabeça cheia de preceitos do AA para tirar o prazer da bebida", gracejam vários membros dessa irmandade. E não há nada como uma cabeça cheia de conhecimentos a respeito de dietas para estragar uma farra alimentar. "Eu não devia fazer isso", pensamos enquanto engolimos colheradas de sorvete ou requentamos as sobras de macarrão com molho de queijo. "Deve haver algo me aborrecendo", especulamos enquanto nos empanturramos. É preciso encarar a verdade, temos que admitir que estamos tendo uma recaída. E o que se pode fazer a respeito?

"Pode-se retomar a dieta a qualquer momento", ensina a nutricionista Sara Ryba. Isso se contrapõe a todas as nossas convicções inconscientes. "De que adianta?", temos vontade de dizer quando nos descontrolamos. "Melhor continuar comendo até passar mal."

Durante muitos anos acreditei que a "farra" deveria ser levada até o fim. Nunca me havia ocorrido que era possível parar antes de ficar literalmente enjoada. Com a ajuda do diário, tive vários insights a respeito de por que e como eu cometia excessos. Com a ajuda das Páginas Matinais e das quatro perguntas, fui me tornando íntima de mim mesma. Abri a caixa de Pandora que guardava meus sentimentos secretos e descobri que, na maioria dos casos, eu era capaz de enfrentá-los. Passei uma semana me recuperando e, para meu espanto, sofri nova recaída e passei a comer demais.

"Mas o que é que eu estou *fazendo*?", disse lamentosamente. O que eu estava fazendo chamava-se autodestruição. Racionalizei. Disse a mim mesma que dois biscoitos não podiam me prejudicar de verdade. Mas prejudicaram. Uma vez com o açúcar no sistema, queria mais açúcar. O mesmo se dava com as gorduras e carboidratos. Eu precisava retornar à comida simples e saudável, mas não sabia como. Dei um telefonema urgente para Sara Ryba.

"Simplesmente recomece do começo", ela aconselhou. "Você não tem que levar seu descontrole até o final, se é isso que você está pensando. Recorra à água. Recorra às proteínas. Tenha como meta três dias de comida simples e saudável. No começo vai ser duro; você vai ficar com raiva, talvez tenha dor de cabeça devido à abstinência de açúcar. No terceiro dia se sentirá melhor, sua fissura por açúcar terá desaparecido, e vai valer a pena."

"Todo mundo tem condições de enfrentar três dias", disse comigo mesma. Peguei uma sacola plástica de lixo e tirei da geladeira os alimentos ofensivos — sorvete, amêndoas, biscoitos, bolo, empadas, macarrão com molho de queijo, lasanha. Fiquei espantada com a quantidade de artigos "proibidos" que eu havia comprado em apenas uma semana de descontrole. Com uma ida à mercearia, reabasteci minha geladeira com alimentos permitidos e atraentes — frutas e verduras frescas, requeijão light, iogurte, legumes picados e congelados e, como petiscos, gelatina e pudins diet.

Tive que reaprender como me manter firme no caminho certo. Tive que aprender que era possível interromper o drama autodestrutivo do descontrole e voltar à seriedade.

Rosemary, uma amiga minha, conta como foi a um hipnotizador em busca de ajuda para perder peso. "'Você tem a síndrome da virgem', disse ele a respeito dos meus excessos alimentares. 'Já que chegou a completar o ato, precisa ir além.' Era sempre eu quem comia o último biscoito da caixa, a que comia o doce todo, a me aproveitar da última fatia de bolo. O hipnotizador estava certo. Nunca tinha passado pela minha cabeça que eu podia parar depois de dois biscoitos apenas."

Leitores de revistas de fofocas vêm se deleitando há muitos anos com a luta de Kirstie Alley para emagrecer. "Considero-me um modelo de tenacidade", ela diz. O segredo do seu sucesso, segundo conta, está na capacidade de recomeçar sempre, em vez de desistir quando se desvia da dieta.

Um dos segredos do sucesso da dieta de South Beach consistia no realismo com que seu fundador encarava as recaídas.

"Somos humanos, e vamos falhar. A dieta de South Beach prevê essas recaídas", explica um dos seus praticantes. "O importante é entender o que você está fazendo quando perde o controle, como isso o afeta e como voltar ao caminho certo o mais rápido possível."

Para muita gente, o método para interromper uma farra alimentar consiste na brandura. Nosso descontrole é autodestrutivo. A vergonha por comer em excesso é avassaladora. Precisamos aprender como intervir com suavidade em benefício próprio.

"Para mim, o fundamental para uma intervenção é cuidar de si mesmo", diz Betty. Bonita, ela freqüentemente negligenciava a ida à manicure e pedicure, o corte de cabelo, tratamentos faciais e massagens. Comida era seu único meio de auto-indulgência, a única coisa boa que se permitia. Não é de admirar que às vezes se excedesse.

"Passei a usar um novo corte de cabelo, bem chique, e subitamente comecei a receber buquês e elogios. 'Você é uma mulher bonita', me disse um homem. Fiquei encantada com as palavras dele e usei-o como armadura para me proteger contra os excessos à mesa. Não seria bom continuar sendo 'uma mulher bonita'? Claro que sim. Lembrar-me do elogio facilitava evitar transgressões."

Margo, que segue um programa baseado nos 12 passos, conta como foi ir certa vez a uma reunião na qual o tópico em discussão era o suicídio. Ficou chocada com as muitas pessoas que contavam histórias de como sentiam um desejo de ativamente tirar a própria vida.

"Não conseguia acreditar que pessoas pudessem sentir tamanho desprezo por si mesmas. Foi quando caiu a ficha de que comer em excesso era um ato de autodestruição, um suicídio lento disfarçado de auto-indulgência."

Como Margo, muitos de nós detestamos admitir que somos autodestrutivos. Precisamos enfrentar diretamente essa questão: comer em excesso é um ato de auto-sabotagem. Para muita gente, a comida é uma demonstração de ódio e não de amor por si mesmo.

"A cada vez que interrompo um excesso alimentar, a cada vez que recomeço tudo outra vez, estou demonstrando amor por minha própria pessoa", diz Dorothy, mãe de sete filhos. "No meu modo de pensar, era tudo ou nada. Queria fazer a dieta perfeita ou dieta nenhuma."

Não precisamos fazer a dieta "perfeita". Temos que aprender a nos perdoar por uma recaída temporária e começar de novo. Cada recomeço é uma vitória, e não um fracasso. Se recaídas são exercícios de autodesvalorização, começar de novo é uma prova de amor próprio.

TAREFA

Faça um balanço de seus pontos fortes

Muitas vezes é difícil, logo após uma recaída, ver e reconhecer o que temos de bom. Pegue a caneta, faça uma lista de um a dez e anote dez termos positivos que poderiam lhe descrever. Por exemplo:

1. Sou bondoso.
2. Sou atencioso.
3. Sou divertido.
4. Sou entusiasmado.
5. Sou eficiente.
6. Sou enérgico.
7. Sou aventureiro.
8. Sou leal.
9. Sou visionário.
10. Sou prático.

Pegue de novo a caneta e, baseado em sua lista, dê um exemplo que ilustre cada um desses traços da sua personalidade. Por exemplo:

1. Bondoso: Telefonei diariamente para minha irmã quando ela estava doente.
2. Atencioso: Lembrei-me de enviar cartões e presentes de aniversário aos meus irmãos.

Enumerar nossos pontos positivos facilita o combate aos negativos. Se nos concentrarmos em nossas falhas e defeitos, acabamos por pensar: "De que adianta?" Mas se nos concentramos em nossos dons e habilidades, podemos sentir que ainda "valemos o esforço" de uma dieta.

A varinha mágica

Costuma-se dizer aos novatos em programas de recuperação em 12 passos: "Desejo-lhe uma lenta recuperação". Que coisa mais passivo-agressiva, eles pensam, mal podendo supor que uma recuperação lenta é, na maioria das vezes, uma recuperação sólida. Diante da necessidade de perder peso, muita gente se sente tentada por soluções radicais. Queremos a pílula mágica que vai frear nosso apetite. Queremos a poção mágica que fará com que nosso metabolismo dê um salto rápido para a frente. Queremos uma dieta líquida que nos permita deixar de lado a chatice de contar calorias. As revistas estão cheias de artigos sensacionalistas sobre como perder muito peso de forma rápida. Estrelas de cinema têm filhos e perdem, em parcas seis semanas, o peso que ganharam durante a gravidez — com a ajuda, é claro, de um regime severo de dieta e exercícios, geralmente supervisionado pelo olhar vigilante de um personal trainer, um cozinheiro e um nutricionista.

Nós não somos estrelas de cinema. Somos pessoas reais e levamos vidas comuns. E como as pessoas comuns perdem peso? É preciso encontrar um regime que seja compatível com a vida diária e com as pessoas, lugares e acontecimentos que normalmente fazem parte dessa vida.

"Eu era do tipo ioiô", diz Marge. "Queria perder peso, e perder rápido. Sacrifiquei meu corpo com regimes exagerados. Sempre tinha bons resultados — uma perda súbita de peso, seguida, com toda certeza, pela recuperação de cada grama perdido."

Há muita gente que, como Marge, deseja uma solução rápida. Guiam-se pelas revistas e não percebem que as perdas de peso mais bem-sucedidas são lentas e constantes.

Quando Mary Lou abandonou a bebida, estava quase 12 quilos acima do peso, inchada e flácida. "Não acredito que me permiti chegar a esse ponto", diz ela. Mas a aparência era o menor dos problemas de Mary Lou. Alcoólatra recém-sóbria, para ela era muito mais importante manter a sobriedade do que perder seu excesso de peso. "Eu quis fazer uma dieta drástica, mas meu padrinho me preveniu para que não me permitisse ficar faminta, com raiva, solitária ou cansada. Uma dieta drástica era uma armadilha, uma ladeira escorregadia que conduziria à bebida." Embora relutante, Mary Lou aceitou o conselho do padrinho. Fazia três refeições por dia, com lanches nos intervalos — principalmente no final do dia, quando baixava a taxa de açúcar no sangue e ela ansiava por um drinque. Primeiro ela desinchou e perdeu o aspecto intumescido, conseqüência das semiletais doses de álcool que havia ingerido.

"Você está ótima. O que houve? Você emagreceu?"

"Nem pense em emagrecer durante o primeiro ano", aconselhou o padrinho, e acrescentou: "O importante é manter-se estável." Desejosa de estabilidade, Mary Lou aceitou o conselho. Iniciou um programa alimentar simples e saudável e aderiu aos lanches compostos por fruta fresca ou uma mistura de cereais, em lugar dos martínis que havia abandonado. Mais ou menos depois de seis meses sem beber um só gole, suas roupas caíam melhor no corpo. Mary Lou pegou a balança que havia escondido embaixo da cama e subiu nela. E teve a maravilhosa surpresa de constatar que havia perdido quase 4,5 quilos.

"Devagar se vai ao longe", aconselhou o padrinho quando Mary Lou sentiu-se tentada a acelerar o processo de emagrecimento através de uma dieta líquida. "Simplesmente concentre-se em continuar o que vem fazendo", aconselhou seu mentor. "Você está indo muito bem até agora."

E assim, apesar de tentada a seguir dietas radicais, Mary Lou continuou a se alimentar de forma sensata e adicionou ao programa sessões leves de aeróbica. "Você precisa das endorfinas", disse-lhe o padrinho, "e exercícios são uma excelente ocasião para rezar".

"Em certo dia, eu rezava pedindo orientação e ouvi claramente: 'Você precisa escrever'. Comecei a escrever regularmente todas as manhãs. Percebi que com a escrita em dia era mais fácil, muito mais fácil perseverar em um regime de alimentação saudável. Nas noites em que era grande a tentação de me empanturrar de sorvete, eu recorria à escrita. Um dia da cada vez, página por página, comecei a me sentir melhor comigo mesma."

Ao final de um ano sem álcool, Mary Lou havia perdido 9 quilos. A mudança havia sido tão gradual — cerca de 250 gramas por semana — que ela mal havia notado a transformação.

Nós, que temos o hábito de escrever, descobrimos que a escrita é uma testemunha amorosa que nos encoraja suavemente ao longo do caminho. Vivendo — e comendo — um dia de cada vez, muitas vezes nos sentimos inquietos, irritáveis e descontentes, mas esses sentimentos desaparecem se perseveramos no regime.

"Eu não queria ouvir que 'devagar se vai ao longe'", protesta Aaron, dono de um tipo de personalidade alfa muito forte. "Eu preferia vivenciar o drama de uma mudança súbita. Ao escrever sobre isso, descobri que era propenso ao drama em todos os aspectos da vida — trabalho, lazer, atividades, relacionamentos. Por que emagrecer teria que ser diferente?"

Uma atitude de "devagar se vai ao longe" funciona, afirma Sara Ryba. "Uma perda de 500 gramas de peso por semana no fim de um ano equivale a 24 quilos. Isso é uma perda substancial, seja qual for o seu tamanho."

"Não me considero idiota", diz Sally, "mas sempre me deixei enganar pelos anúncios das revistas que prometem emagrecimento rápido. Eu me encantava com aquelas figuras de 'antes' e 'depois' vestindo biquíni. Eu me achava parecida com o 'antes' e queria ser como o 'depois'. Tentei o jejum, poções, pós, pílulas — às vezes perdia mesmo peso, mas sempre o recuperava no momento em que voltava à alimentação normal".

O que desejamos é uma mudança permanente no estilo de vida, e não a solução imediata das dietas radicais. Se diminuirmos em 250 o nosso consumo diário de calorias, e aumentarmos nossa cota de exercícios na mesma proporção, isso representa um mudança moderada no estilo de vida que resulta em perda de meio quilo por semana. Meio quilo pode não parecer grande coisa, até que você visualize um pote de manteiga com meio quilo de peso — *essa* é a quantidade de gordura que você perdeu. Uma conhecida minha, resoluta praticante de dieta, emagreceu 18 quilos e mesmo assim se sentia desencorajada ao pensar que ainda precisava perder mais 13. "Não estou tendo resultado algum", ela reclamava. Sugeri-lhe que procurasse um objeto cujo peso equivalesse a 18 quilos. Ela me telefonou animadíssima. Na mercearia, havia encontrado duas embalagens de gordura, com 9 quilos cada. "Mal pude levantá-las!", ela exclamou. "Nem conseguia acreditar que esse era o peso que eu havia conseguido perder. Senti-me imediatamente encorajada. Já havia passado da metade do caminho que levava à minha meta."

Para muitos de nós, que desejamos praticar o método do "devagar se vai ao longe", seria bom determinarmos uma meta, uma meta *modesta*. Deirdre, que pesava 79 quilos, tinha como meta final baixar para 68. Encorajei-a a determinar minimetas, de 2 quilos aproximadamente. O que significava que sua primeira meta seria baixar para 77. Ela o conseguiu em cinco semanas.

"Senti-me como se tivesse rompido a barreira do som", conta Deirdre. "Na verdade, eu nunca havia acreditado que pudesse algum dia voltar a pesar 77 quilos. Agora eu sei que perder peso não é assim tão complicado, ou algo que não posso fazer. Quando controlo minha ingestão de alimentos, com a ajuda das quatro perguntas, e caminho vinte minutos por dia, eu *consigo* perder meio quilo por semana. Entretanto, achei que teria que prová-lo a mim mesma através da experiência. Para ser honesta, eu não acreditava que o plano fosse realmente dar certo para mim. Hoje em dia, quando minhas metas imediatas são mais modestas, minha meta de longo prazo me parece atingível."

No mundo agitado em que vivemos, é difícil acreditar que um método baseado no princípio do "devagar se vai ao longe" possa dar certo. São as medidas extremas que nos atraem, convencidos de que temos que nos castigar para emagrecer. A fórmula Escreva e Emagreça, com sua ênfase em uma alimentação simples e saudável, parece boa demais para ser verdade. No entanto, algumas vezes o mais fácil é a resposta certa.

Ted era um advogado dinâmico, e seu estilo sedentário de vida o fazia tender para o excesso de peso. Atleta na juventude, agora estava com um sobrepeso de 18 quilos. Sugeri-lhe que, para começar, escrevesse todas as manhãs.

"Isso me parecia um tanto zen", diz Ted. "Eu não entendia o que escrever sobre minha vida tinha a ver com meu peso, mas comecei a escrever e logo fiquei viciado. Ficava impressionado com a quantidade de preocupações e aborrecimentos que eu despejava na página. Depois de algumas semanas de escrita, comecei a sentir que me tornava um advogado melhor, mais concentrado e organizado. Percebi também que havia parado de lambiscar. Livrei-me dos amendoins e castanhas que guardava na gaveta da escrivaninha como combustível. Substituí-os por maçãs. No final de um mês, minhas calças estavam mais folgadas. Subi em uma balança e vi que havia perdido um pouco mais do que 2 quilos."

À medida que nos tornamos mais conscientes, muitas vezes diminuímos as calorias. Como Ted, percebemos que lambiscamos alimentos ricos em calorias. Com isso, começamos a nos alimentar de forma diversa. "Devagar se vai ao longe" começa suavemente a tomar conta de nós. Se o permitimos, é o que acontecerá!

Nas revistas, tudo acontece rápido demais. Estrelas de cinema perdem em frações de segundos o que engordaram durante a gravidez. Decidem emagrecer e pronto. Se você for Jessica Simpson, poderá perder 5 quilos em duas semanas. Cinco quilos — ou, para lhe dar uma idéia exata do que isso representa, 13 tabletes de manteiga.

"Eu gostaria de perder 5 quilos", diz Jodi, "mas quero perdê-los instantaneamente, como a Jessica Simpson".

Perda rápida de peso é uma ilusão perigosa. Os nutricionistas, em sua unanimidade, dizem-nos que uma perda lenta e gradual tem maiores chances de ser permanente.

"Gosto de ver meus clientes perder de meio a um quilo por semana", diz Sara Ryba. "Um emagrecimento lento e constante será, provavelmente, duradouro."

TAREFA

Imagine-se perfeito

Pegue três revistas. Compre uma folha grande de cartolina. Arranje um lugar confortável para trabalhar, onde você possa fazer um pouco de bagunça. Durante cerca de meia hora, folheie as revistas e selecione imagens de corpos que se assemelhem ao seu tipo físico quando você está em forma. Recorte umas vinte figuras e faça uma colagem do seu eu idealizado. Muitos de nós, depois de pensar bem, preferimos corpos não tão magros quanto a norma habitual das revistas. Como Tyra Banks, que, com seus 73 quilos, exibe orgulhosamente suas curvas, talvez possamos exclamar: "Ainda sou gostosa."

Em ótima forma

Kerry, uma violista clássica que faz treinamento com pesos há três anos, diz o seguinte: "Acho que as pessoas ficam confusas ao ver estrelas de cinema 'entrarem em forma' com tanta rapidez. Jessica Simpson estava em ótima forma. Relaxou um pouco na alimentação e ganhou algum peso rapidamente. Jessica retomou a determinação, provavelmente se alimentando de maneira totalmente simples e saudável, e passando bom tempo na academia, e voltou ao mesmo corpo que tinha um mês antes. Peso ganho rapidamente também pode ser perdido rapidamente, se você tomar uma providência antes que fique fora de controle. Uma pessoa que esteja em ótima forma pode reconquistar essa forma muito mais rapidamente do que alguém que esteja tentando ficar em forma pela primeira vez."

"Você quer dizer que devemos pegar leve?"

"Acho que as pessoas esperam resultados pouco realistas — pelo menos no que se refere à ginástica com pesos, não existem resultados rápidos. Lentamente, através dos anos, é possível construir um corpo exatamente nos moldes desejados, e isso vai queimar uma quantidade grande de calorias devido à alta porcentagem de massa muscular. Uma pessoa dessas pode consumir impunemente muita comida. Mas só vai conseguir uma barriga tipo tanquinho em seis semanas uma pessoa que já teve uma barriga assim — e até pouco tempo atrás. É impossível conseguir instantaneamente o corpo de seus sonhos, mas é possível sentir-se 100% melhor, instantaneamente, depois de um dia de alimentação simples e saudável e uma boa sessão de ginástica. Resultados reais acontecem lentamente, mas é possível sentir-se bem imediatamente."

"Você então está me dizendo que devo levar um dia de cada vez?"

"Sim, é isso mesmo."

A história de Kerry é uma história de sucesso. "Na época em que estive mais gorda", ela relata, "eu pesava 77,5 quilos. Bebia muito e abusava do açúcar. Me exercitava, mas teria que treinar como uma atleta olímpica para me livrar de tudo que ingeria. Quando vi registrados na balança 77,5 quilos e me dei conta de que pesava mais do que alguns homens que conhecia, levei um susto. Acho que só tive esse peso naquele dia, mas um dia bastou".

"Iniciei um regime à base de comida simples e saudável, gradualmente aboli o álcool e o açúcar. Comecei a treinar com pesos e percebi que exercícios com pesos, aliados a uma alimentação simples e saudável, eram a coisa certa para mim. Aos poucos perdi 16 quilos. Nunca estive em melhor forma em toda minha vida, e meu manequim é 38."

Apesar de todos acharem que ela está ótima, Kerry ainda luta para atingir algumas metas na questão da boa forma. "As pessoas me perguntam o que faço para me manter magra, e minha primeira resposta é que ainda não me considero magra. Estou sempre tentando perder 2 quilos de gordura localizada e sempre tentando aumentar minha força. A boa forma não é permanente, é uma prática diária que requer manutenção. Quando falto a uma sessão de exercícios, sinto os efeitos imediatamente. Fiz disso uma prioridade em minha vida e nunca me afasto muito do bom caminho. Com certeza há dias em que como muita junk food, o que compenso com exercícios. E entro nos trilhos logo depois de uma recaída. Alimentação simples e saudável é uma meta que procuro diariamente atingir.

Quando sou cuidadosa e me alimento de forma simples e saudável, sem deixar de lado os exercícios, percebo uma perda lenta e gradual de peso."

Poucos têm a paciência e a perseverança de Kerry. Mas são hábitos que se aprendem, e todos nós podemos adquiri-los. O importante é não perder a coragem. Podemos ter recaídas, como Kerry, mas temos que aprender, como ela aprendeu, a "dar a volta por cima".

Uma pessoa que foi bem-sucedida em sua dieta disse a seguinte frase: "Durante anos ouvi a expressão 'devagar se vai ao longe', que interpretava como 'não esquente'. Um dia percebi que o verdadeiro significado era 'vá devagar, mas vá". Desde então adotei a frase como meu lema."

TAREFA

Vá devagar, mas vá

Pegue a caneta. Prepare-se para alguma volatilidade. Pergunte a si mesmo o que pensa realmente a respeito de um programa para uma perda lenta e fácil. O próprio conceito pode deixá-lo zangado. Talvez não esteja disposto a aplicar nisso o tempo e o esforço necessários. Talvez você esteja em busca da varinha mágica que o fará magro em instantes. Talvez seja a sua própria impaciência o que mais o incomode. Não só isso, como também os muitos pequenos aborrecimentos a que todos estamos sujeitos.

Para muitos de nós, preocupação é sinônimo de aumento de peso. Em vez de combatermos as preocupações, nos deixamos levar por elas. Preferimos comer para bloquear a ansiedade e não usar a ansiedade como combustível. Pegue novamente a caneta. Faça uma lista de um a cinco. Nessa lista, anote as áreas que normalmente mais o preocupam. Releia a lista. Ao lado de cada preocupação, imagine e anote uma pequena estratégia, simples e positiva, que poderia aliviar essa preocupação. Então aja. E não se esqueça de que um encontro culinário pode ajudar muito a tornar nossas vidas mais agradáveis de viver.

Um dia de cada vez

Alimento é sinônimo de amor. É o primeiro gesto de amor que recebemos. Quando éramos bebês, ansiávamos pelo conforto do seio que flui generoso. Na idade adulta, ainda ansiamos pela sensação de segurança que o leite materno nos proporcionava. Se estamos cansados, quando estamos zangados, quando nos sentimos solitários, irritados, desejamos o consolo da comida, o conforto da alimentação. Quando nos sentimos carentes, como tantas vezes acontece em nossas vidas tão ocupadas e caóticas, é para o alimento que nos voltamos a fim de nos sentirmos apaziguados, confortados e amparados. A comida nos faz sentir protegidos, nos faz sentir seguros. Não é de admirar que muita gente coma em excesso, movida pelo sentimento de vulnerabilidade e pela procura do alívio.

"A comida é o meu remédio", diz Anna. "Quando me sinto só ou assustada, o que acontece com uma freqüência maior do que demonstro, recorro à comida. A longo prazo, sei que vou odiar o ganho de peso, mas, a curto prazo, sinto-me grata pela sensação de consolo. Estou 9 quilos acima do peso, e cada grama desses 9 quilos foi um remédio que receitei para mim mesma."

No começo, muita gente se sente assustada ao encarar seus medos interiores, que brotam das páginas. Temos medo de tanta coisa — o mundo parece tão assustador. Caneta à mão, lentamente desconstruímos nossos demônios e aprendemos a conviver com eles, um dia de cada vez. Se enfrentarmos a vida em doses diárias, muitas vezes percebemos que somos capazes de enfrentar com sucesso nossos medos. Com o diário e as quatro perguntas como arma, somos capazes de resolver situações que antes nos teriam levado a um descontrole alimentar.

"Tenho que enfrentar minha gula um dia de cada vez", diz Eleanor. "Sinto-me como o menino tampando o furo no dique com o dedo. Não posso mantê-lo ali para sempre, mas posso fazê-lo por um dia."

Para muitos de nós, o sucesso acontece em módicas prestações. Declarações arrebatadoras e compromissos grandiosos não levam a lugar algum. Precisamos aprender com os programas de 12 passos, nos quais as pessoas se comprometem a se abster de álcool um dia de cada vez.

"Lembro-me bem de quando abandonei o hábito de comer em excesso", diz Heidi. "Alimentei-me de forma simples e saudável por um dia e pensei comigo mesma: 'Talvez eu possa fazer o mesmo amanhã.' Fui dormir com um nascente sentimento de auto-satisfação, posso até dizer de esperança. Quando acordei no dia seguinte, comprometi-me a mais um dia de alimentação simples e saudável. Tendo conseguido por mais um dia, tentei o terceiro, depois o quarto, o quinto, o sexto — vocês entendem o que eu quero dizer. Um dia de cada vez, há anos venho me alimentando de forma simples e saudável."

Às vezes, até mesmo um dia de compromisso nos parece longo demais. Chega a hora do final do expediente, cai o nosso nível de açúcar, e nos vemos subitamente tomados por desejos. Sentimos que somos capazes de comer toda e qualquer coisa que apareça diante de nós. É para essa hora que devemos nos preparar.

"Tenho sempre à mão um estoque de proteínas", explica Adele. "O final do expediente era sempre a hora da recaída. E já não é mais. Como diariamente uns 100 gramas de proteína no meio da tarde. Pode ser atum. Ou pastrami de peru. Ou uma salsicha light. Minha meta é manter os lanches dentro do limite de duzentas calorias, e são tantas as opções que não preciso entrar em pânico."

Nem todo mundo usaria o termo "pânico" para descrever nossos sentimentos assustados. Para alguns de nós, o sentimento é o de tristeza, para outros, o de irritabilidade, inquietação ou raiva. No fundo, é um sentimento de mal-estar. Não nos sentimos à vontade, nossos corpos não se sentem bem.

"Eu queria subir pelas paredes", diz Carla, que descreve a si mesma como uma "ruminante", acostumada a lambiscar o dia inteiro. "Tentei freqüentar um grupo de 12 passos, os Comedores Compulsivos Anônimos, mas seu sistema me pareceu muito exagerado — três refeições, e nada nos intervalos. Decidi que eu talvez me desse melhor em um programa menos rígido."

Com a caneta à mão, Carla idealizou um plano pessoal de dieta simples e saudável, que compreendia três refeições ao dia e dois lanches. Era comida suficiente, em intervalos suficientemente espaçados para que Carla se sentisse menos assustada.

Um dia de cada vez, a maioria de nós pode encontrar o sucesso. Muitas vezes o que desejamos, tanto quanto a comida, é a sensação de estrutura e segurança. Talvez não possamos admitir passar "a vida inteira" seguindo um plano de alimentação sensata, mas podemos segui-lo só até a próxima refeição programada.

"Eu parecia um bebê", relata Carla. "Sentia necessidade de me alimentar segundo horários regulares. Quando organizei esse horário e vivi algum tempo dentro desse esquema, senti-me mais segura."

A nutricionista Sara Ryba explica que a parte mais difícil de uma dieta é o começo, antes que tenhamos experimentado a sensação de segurança que uma estrutura nos dá. "Os primeiros dias podem ser muito desconfortáveis", diz ela, e orienta seus clientes a beberem mais água para aplacar seus desejos. "Leva uns três ou quatro dias para entrar tudo nos eixos e se ajustar", explica Ryba. "Mas prometo-lhes novos surtos de energia e clareza depois de passada essa fase."

As palavras de Ryba têm um efeito tranqüilizante — e muita gente deveria ouvi-las. Jane, que está desencorajada com a dieta, é um bom exemplo.

"Queixei-me do meu peso ao meu terapeuta, e ele respondeu que eu deveria encarar o fato de que talvez tivesse que fazer dieta pelo resto da vida", lamentou-se Jane. "Tive vontade de dar um tiro nele. Dieta pela vida inteira? Simplesmente não podia encarar uma coisa dessas."

Por sorte, Jane não precisa enfrentar a perspectiva de uma vida inteira de dieta. Ao invés disso, pode tentar enfrentar um dia de dieta de cada vez. Todos nós podemos dar conta de um dia apenas de alimentação simples e saudável. São três refeições e dois lanches. Qualquer um consegue.

"Julia, você está querendo me enganar com essa história de um dia de cada vez", acusou Jane.

"É isso mesmo", concordei.

A maioria das pessoas se sente desencorajada diante de um projeto de grandes dimensões. Por isso, vale a pena programar projetos pequenos. Vale a pena perguntar a nós mesmos: "Como estou me saindo hoje — só hoje?" Muitas vezes a resposta é: "Muito bem, obrigada."

A vida é composta por dias. Cada dia bem vivido lança as bases para o dia seguinte. Começando pela rotina diária das Páginas Matinais, passamos a ver a vida em parcelas diárias. "O que eu posso fazer hoje, só por hoje?", é a pergunta que nos fazemos. A resposta é que podemos tentar um dia de alimentação simples e saudável. Podemos dar conta de planejar três refeições saudáveis e dois lanches leves, que fazem bem.

"Não sei quando ou como aconteceu", diz Anthony, "mas, quando comecei a me concentrar em um dia de cada vez, minha vida se tornou mais satisfatória. Parei de adiar as coisas. Comecei a viver realmente o agora. Minha alimentação mudou, mas o que mudou realmente foi minha vida. Passei a viver mais intensamente a passagem de cada dia. Comecei a me cuidar melhor — só por um dia".

Só por um dia somos capazes de nos alimentar bem. Só por um dia somos capazes de nos exercitar. Só por um dia encontraremos tempo para uma leitura espiritual... No final do dia, em vez de uma lista de coisas a fazer, teremos uma lista de coisas que fizemos — uma lista considerável de coisas bem-feitas. Não poderíamos enfrentar o desafio de sermos tão louváveis pelo restante de nossas vidas, mas por um dia de cada vez é bem possível — até prazeroso.

"Um dia de cada vez, acumulei anos de abstinência da bulimia", diz Gayle. "Eu não me sentia capaz de enfrentar um compromisso para a vida toda, mas um dia de cada vez, é exatamente assim que está acontecendo, e estou muito contente."

"'Você é tão produtiva!', é o que as pessoas vivem me dizendo", conta Diana, uma bem-sucedida redatora da TV. "Às vezes tento dizer a elas que isso é possível porque vivo um dia de cada vez, mas, quando digo, os olhos delas ficam parados. Pensam que deve haver algum segredo que não quero contar-lhes. Digo que existe apenas um grande segredo: 'Um dia de cada vez.' Esse é o segredo de minha prolífica carreira de redatora. Esse é o segredo do meu longo relacionamento. Pode-se dizer até que é o segredo de como levo meus cães para passear."

Um dia de cada vez, não só fazemos dieta, mas também vivemos. Comprometemo-nos em um casamento. Voltamos à faculdade de Direito. Escrevemos livros. Fazemos muitas coisas e as fazemos muito bem porque as fazemos aos bocadinhos, não em grandes e audaciosos nacos.

TAREFA

Um dia de cada vez

Leve a caneta ao papel. Pergunte a si mesmo quais os compromissos que pode assumir "só por hoje". Talvez, ao se fazer essa pergunta, sua mente vacile um pouco, em pânico. "Com certeza posso fazer isso hoje, mas e amanhã?", talvez seja seu pensamento. Não pense no amanhã. O amanhã cuidará de si mesmo amanhã. Só por hoje, o que é possível?

Comer para agradar

O grupo é festivo e o restaurante é chique. Os convidados sentam-se lado a lado em torno de uma grande mesa. Jarros de sangria convidam a participar. "Não vai beber um pouquinho?", perguntam-me. Declino do vinho, mas pego, nervosa, a cesta de pães. Estou fazendo uma dieta que não admite carboidratos, mas esse fato se apaga da minha consciência enquanto passo manteiga em uma fatia de pão. Já é ruim eu não aceitar a bebida, mas, se eu também não comer, serei uma desmancha-prazeres, digo a mim mesma.

O restaurante é chique, os freqüentadores ainda mais chiques. Eu gostaria de me integrar. Alguém decide que vamos fazer um pedido coletivo. Isso significa que a entrada e o prato principal não vão ser escolhidos por mim. Ouço falar em bananas fritas, algo que não faz parte da minha dieta. E também em lingüiças, guacamole, empanadas e mais pão. Uma companheira de mesa segura meu braço. "Julia, por um momento pensei que você estava bebendo", ela diz. "Não, não", eu protesto, e aponto para meu copo d'água, vazio. "Que alívio", ela murmura. "Sei que você está sóbria há muito tempo, e eu também não bebo há oito anos." "Não, nada de bebida esta noite", volto a afirmar. Não digo o que estou pensando: como vou poder enfrentar esse jantar sem me exceder na comida?

A convidada de honra está à minha direita. Foi ela quem se encarregou de escolher o restaurante e encomendou um menu festivo para agradar ao grupo. Não posso dizer-lhe: "Natalie, esse jantar está fora de cogitação para mim." Em vez disso, quando a comida é servida, encho meu prato e provo as iguarias que me oferecem. Eu deveria ser mais forte, digo a mim mesma. Não deveria comer essas coisas. Mas como, e como porque estou comendo para agradar.

Muita gente come para agradar — não a nós mesmos, mas àqueles que são importantes para nós. A sós com nossos hábitos, nos sairíamos muito bem. Evitaríamos a cesta de pães, dispensaríamos a sobremesa. Quando comemos em grupo, pode parecer grosseiro dizer "não, obrigada". É também constrangedor, como se estivéssemos dando destaque ao fato de estarmos acima do peso.

Faz cinco anos que Lorna namora Daniel. Ele é alto e magro, e come com prazer, pois tem a sorte de ter uma boa genética. Lorna é alta, mas não é tão magra. O que ela come — ou não come — é logo visível.

"Minhas dietas são do tipo ioiô", diz uma desconsolada Lorna. Ela e Daniel moram em cidades diferentes. Quando ele vem passar um tempo com ela, Lorna prepara refeições deliciosas para ele, e muitas vezes o acompanha em uma taça de vinho, para comemorar, e na deliciosa sobremesa. Os quilos se acumulam. Sempre que recebe a visita de Daniel, Lorna engorda entre 2 e 4 quilos. Que perde assim que fica sozinha. "Sem a presença de Daniel, eu não bebo nem como doces", conta Lorna. "Quando estou com ele, como o que ele quer comer, e não o que eu quero."

Lorna, como tantos de nós, confunde comida com amor. E demonstra seu amor por Daniel acompanhando-o em refeições extravagantes. Teme fazer dieta na presença dele, com medo de que ele a considere uma desmancha-prazeres. Com seu temperamento alegre e seu humor, Lorna pode ser tudo, menos uma desmancha-prazeres. O que lhe falta não é humor, e sim uma dose adequada de amor-próprio. Embora seja, ostensivamente, uma mulher independente, no fundo é apegada demais. Sua dependência do parceiro fica aparente quando se trata de comida.

Com a ajuda do seu diário, você será capaz de prever as refeições em que será tentado a comer demais com o intuito de agradar. Feriados e ocasiões especiais é quando as dietas correm mais risco de irem por água abaixo. Com a caneta à mão, planeje até onde será tolerante, mas planeje também modos para limitar as calorias. No Natal, você pode dizer a si mesmo: "Vou provar um tiquinho de tudo, mas sem repetir". Se a pressão for muito forte, também pode ser uma boa idéia telefonar para seu confidente. É o que eu deveria ter feito por ocasião da festa no restaurante.

"É melhor prevenir do que remediar", diz o ditado, e podemos nos prevenir contra excessos alimentares através do diário, de um telefonema ao confidente e com orações — isso mesmo, oração. Diante da cesta de pães, podemos rezar: "Deus, por favor, me ajude." Assim, podemos passar para frente a cesta de pães e tomar um gole d'água. Certamente alguém vai notar e desaprovar nossa abstinência. "Você não vai comer pelo menos um pãozinho? Estão deliciosos", podem nos provocar. Basta dizer: "Não, obrigado", e mudar de assunto. Isso costuma ser o suficiente. E quando não for, devemos nos lembrar de que outras pessoas também estão sujeitas a uma relação tóxica com comida. Sua prima Mary Beth talvez queira ver você comer um pãozinho para com isso sentir-se à vontade para comer dois. Muitas vezes nosso problema com o peso só não é invisível aos nossos próprios olhos.

"Você está linda, Julia", ouvi dizer muitas vezes quando meu peso oscilava perto de novo limite máximo. O ideal seria que o controle de peso fosse uma questão de autonomia. Comemos para nós mesmos, segundo nossos gostos e necessidades, e não para satisfazer aos demais. No entanto, os outros gostam de opinar.

"Você deveria experimentar o cheesecake da tia Helen", dizem-nos. "Prove a torta de maçãs da tia Minnie." E assim, apesar de nossas resoluções em contrário, acabamos cedendo. "Só uma fatia fininha", dizemos. "Aceito só um pedacinho." A fatia fininha de ontem e o pedacinho de hoje podem ir direto para nossa cintura ou contribuir para a formação da celulite de amanhã. "Eu estava indo tão bem", podemos nos lamentar, ao descobrir que, como Lorna, cedemos ao desejo de agradar.

TAREFA

Agradando a si mesmo

Pegue uma caneta e um papel. Imagine o pior desdobramento possível ao recusar um prato e escreva-o. Digamos que resolva não comer a torta de maçãs de tia Minnie. Ela começa a berrar, chorar desesperadamente, ou pega uma arma para atirar em você? Dê asas à sua imaginação. Abra espaço para o senso de humor. O que você imagina que aconteceria se você resolvesse defender os próprios interesses? Permita-se escrever uma história triunfante de como você conseguiu dizer não a algo que não queria ou não precisava. Visualize sua pesagem alguns dias depois da festa, descobrindo que não engordou 2 quilos, mas de fato manteve sua perda de peso gradual. Como é que seria estar tão focado nos seus objetivos a ponto de conseguir perder peso durante as festas de final de ano? É possível.

Lingerie

"Gosto de me ver como um presente de Natal", diz Rita. "Quero ser enfeitada da maneira mais bonita possível." Rita é uma mulher corpulenta, que está usando as ferramentas do Escreva e Emagreça para reduzir suas medidas, mas decidiu não esperar ser magra para expressar sua sexualidade.

"Acho o vermelho uma cor muito sensual", diz. "Uso o máximo de lingerie vermelha que consigo encontrar. Gosto porque, mesmo que não apareça e ninguém saiba que estou usando, eu sei. Considero-a como um emblema da minha sexualidade."

Ao contrário de Rita, muitas pessoas que estão com sobrepeso mantêm sua sexualidade reprimida "até que...". Usamos lingerie pouco elegante, roupas íntimas em cores neutras, que servem apenas para acentuar nossa impressão de que não somos atraentes.

"Fala sério", diz Anne, "a gordura não é sexy". Então, para provar que tem razão, usa o que ela mesma chama de roupas íntimas de resistência industrial. De atraente, não têm nada. Anne são gostaria de ser vista com essa lingerie. Mas diz para si mesma que as chances de ser vista assim são mínimas.

Dolores adota a atitude inversa. Sua lingerie é sempre bonita e feminina, independente do tamanho. "Eu gosto assim", ela diz, "e acho que meus namorados também gostam". Dolores põe em prática, diariamente, a afirmação positiva: "Sou sensual e sexual." Não é de admirar que atraia tantos pretendentes. "Tive que aprender a me permitir ser bonita."

Muita gente tem muito a aprender com Dolores. Nós também precisamos aprender a ser bonitas. Talvez descobriremos que os tamanhos maiores da lingerie da Victoria's Secret cabem. Ou talvez tenhamos que comprar lingerie "bem-comportada" e depois tingi-la para transformar o branco sem graça em algo mais encantador.

"Eu disse a mim mesma que esperaria até ficar magra antes de ir para a cama com alguém", diz Anita. "Isso foi antes de eu conhecer Jim. Ele parecia gostar de mim do jeito que eu era, então fui comprar lingerie para que nós dois apreciássemos meu corpo quando eu tirasse a roupa."

Caroline acredita que o jeito é "agir como se". "Fui criada como uma boa católica e usava roupas íntimas igualmente católicas", diz ela. "Foi preciso aprender a ser sensual. E tive que aprender a me vestir de acordo com o papel."

Dorothy, mãe de vários filhos, sempre adiava a hora de fazer compras para si mesma. "As crianças precisam mais do que eu de um agrado", ela racionalizava. Mas insisti com ela para arranjar tempo e dinheiro para si mesma. "É como ser menina de novo", ela me contou depois. "Lingerie bonita parece algo tão frívolo e decadente. Nem posso acreditar que é minha, mas eu adoro." E, para finalizar, Dorothy acrescenta, ruborizada, que seu marido notou seus novos trajes e os acha muito atraentes.

Muitos de nós precisamos deixar para trás o estilo "mártir" de vestir. Por conta do sobrepeso e do tamanho "G", tendemos a pensar que somos cavalos de tração — bons para o trabalho e mais nada. É um choque descobrir que ainda somos sexualmente atraentes. Nem todos os homens se sentem atraídos por mulheres esqueléticas.

"Gosto de mulher com um pouco de carne", comenta Anthony.

"Quem quer fazer amor com um graveto?", pergunta George.

Ao usar roupas femininas, enviamos um sinal — primeiro para nós mesmas, depois para os outros — de que somos sensuais, sexuais e dignas de amor.

"Sempre economizei na hora de comprar roupas íntimas", diz Jenny. "Achava que ninguém ia ver, então para que gastar com isso? Foi preciso muito esforço para começar a gastar em trajes íntimos. Fiquei chocada, depois que comprei, ao perceber o quanto isso me fez sentir bem."

"O que não vejo não me faz falta", parece ser a atitude de muitas mulheres em relação à lingerie. E quase não nos damos conta de que adotamos a mesma atitude em relação à sexualidade. À espera de sermos magras, e só então sensuais, muitas vezes provocamos em nós mesmas uma depressão moderada. Precisamos ser tocadas. Necessitamos expressar nossos carinhos fisicamente, mas não nos damos esse direito.

"Sentia-me constrangida ao sair para comprar lingerie", diz Elizabeth. "Simplesmente não queria me olhar no espelho de uma loja. Durante muito tempo isso significou não fazer compras. Minha lingerie estava em trapos, até que me lembrei da internet. Depois de algumas buscas, encontrei um site que era um tesouro para quem procura lingerie de tamanho GG. Quando os embrulhos chegaram, a sensação era de que o Natal tinha vindo mais cedo. Joguei fora todos meus pertences de baixa auto-estima e me dei o prazer de apreciar meus novos 'objetos de luxo'. Fizeram-me sentir tão bem que logo concluí que não eram de modo algum objetos de luxo."

Às vezes um bico de renda pode ter uma ação milagrosa na cura da baixa auto-estima. Uma pequena dose de cor pode ser como uma dose de remédio na veia. Um estampado florido lembra-nos de que somos flores que necessitam ser cuidadas. Listas e bolinhas alegres trazem consigo bom humor.

É difícil sentir-se deprimida ao vestir uma boa lingerie logo ao acordar. É difícil pensar que um dia que começa de forma tão agradável não vai ser um bom dia.

Há uma propaganda de lingerie que diz: "Às vezes uma mulher merece levar vantagem, mesmo que injusta." Aprendi que "às vezes" quer dizer "sempre".

TAREFA

Cuide-se bem

Abra sua gaveta de lingerie. Separe e jogue fora tudo que reflete uma baixa auto-estima. Agora vá fazer compras. Dê-se o direito de comprar pelo menos um sutiã lindo e algumas calcinhas bonitas. Lembre-se de que dinheiro gasto dessa forma é dinheiro bem gasto, e permita-se gastar um pouco mais.

Se esse exercício lhe parece ser particularmente difícil ou impraticável, pegue a caneta. Faça um lista de um a cinco. Complete a seguinte frase:

O motivo pelo qual não posso possuir lingerie bonita é...

Talvez você desenterre velhos condicionamentos que ainda governam seu modo de agir. Desafie seu inconsciente a se manifestar na página, onde será mais fácil enfrentá-lo cara a cara. Pegue de novo a caneta e faça a lista de novo. Complete a seguinte frase:

Se eu usasse lingerie bonita, eu...

Muitas vezes tememos liberar uma "mulher selvagem". Quase todas nós podemos ser um pouco mais selvagens do que somos.

Trauma

Muitas pessoas que acumulam peso, fazem-no defensivamente. O peso é um pára-choques destinado a nos proteger contra males reais ou imaginários. Muitas vezes esse peso é uma reação a algum mal ocorrido no passado. Em outros casos, é uma barreira construída para nos proteger contra males futuros. Entretanto, uma coisa é verdade em todos os casos: embora seja nossa intenção usar o peso como arma contra os outros, essa arma, como um bumerangue, se volta para nós.

Esse foi o caso de Gretchen, vítima de um estupro violento no final da adolescência. Ela não contou a ninguém que havia sido violentada e disse a si mesma que era forte o bastante para superar o acontecido. Acometida por terríveis sentimentos de vulnerabilidade, entrincheirou-se atrás de um aumento de peso sempre crescente. Quando chegou perto dos 35 anos, quando a conheci como aluna de criatividade, estava 45 quilos acima do peso. Eles eram sua armadura. Lá do meu posto na frente da sala de aula, logo percebi sua fragilidade, fantasiada de raiva e sobrepeso. "Escreva", eu lhe disse.

Embora com medo de fazê-lo, Gretchen começou a escrever, um dia de cada vez, uma página de cada vez. Não demorou muito para que as lembranças dolorosas do ataque viessem à tona em suas Páginas Matinais diárias. "Tenho medo! Tenho raiva! Não posso enfrentar tudo isso", ela protestou. Quando sentiu desejo de parar, insisti para que continuasse escrevendo, e ela, quase a contragosto, continuou. À medida que escrevia, seus sentimentos voláteis se tornaram menos voláteis. Ao contar para si mesma sua história, sentiu ímpetos de compaixão. Encarou e até domou seus demônios. Em uma noite dramática, relatou sua história ao restante da classe e terminou com a seguinte declaração: "Agora percebo que não preciso mais ser gorda para me defender." Nas semanas seguintes, o peso de Gretchen começou a baixar lentamente. Através do ato de escrever, ela abria caminho em direção à saúde.

"Sempre sonhei em ser autora teatral", disse-me Molly, uma gordinha com pouco mais de 50 anos. "O problema é que tenho medo de escrever. Você já viu algum aluno seu enlouquecer?"

Assegurei a Molly que nunca tinha ouvido dizer que escrever levasse alguém à loucura, mas disse também: "Tente escrever, mas prometa-me que vai procurar ajuda se algo traumático emergir." Molly começou a escrever. Após três semanas escrevendo as Páginas Matinais, Molly havia progredido a ponto de escrever seu primeiro conto. Isso foi uma ótima notícia. A má notícia foi que o tema do conto era o incesto. Ao ler a história, perguntei a Molly se ela havia bloqueado memórias do passado.

"Acho que sim", disse Molly com alguma hesitação. "Sempre pergunto isso a mim mesma. Você acha que devo fazer uma terapia?"

"Sim", sugeri, "acho que deve". Assim, Molly continuou a escrever suas Páginas Matinais, mas ingressou em um grupo de recuperação para vítimas de incesto. À medida que suas memórias vinham à tona, ela teve como liberá-las em ambiente terapêutico — mas não foram apenas suas lembranças que vieram à tona. Seu longamente adiado projeto de escrever para o teatro voltou a surgir, dessa vez com maior intensidade. Com medo de tentar, e de não tentar, Molly começou a escrever sua primeira peça. Semana após semana, trabalhou no projeto. Lá da frente da sala de aula, eu a via transformar-se de mulher tímida, gorducha, em uma mulher mais delgada e confiante. O curso terminou com Molly seguindo adiante, tanto na escrita quanto na perda de peso. Seis meses depois, ao abrir minha caixa de correio, encontrei um recado de Molly.

"Achei que você gostaria de saber que ganhei meu primeiro concurso para autores teatrais", ela havia escrito. Senti ao mesmo tempo orgulho e felicidade por ela.

Se os quilos constituem a barricada que construímos entre nós mesmos e o trauma, as palavras são as ferramentas com as quais demolimos a barricada. Escrever a respeito de nossas feridas e injustiças ajuda-nos a fazer as pazes com elas. À medida que perdoamos e esquecemos nossos traumas passados, caminhamos em direção a um futuro mais brilhante e promissor.

"Venho de um lar violento", diz Lorna, uma mulher alta, bela, mas acima do peso. "Tentei esquecer tudo, mas simplesmente enterrei meus sentimentos em comida. Quando comecei a escrever as Páginas Matinais, soube que meu passado viria à tona — e foi o que aconteceu. Um dia de cada vez, uma página de cada vez, fiquei diante de minhas lembranças terríveis. Inesperadamente, o que senti foi compaixão, não só por mim mesma, como também por meu pai problemático. Ele também viera de um lar violento e fazia o melhor que podia para criar a gente."

Não é motivo de surpresa o fato de Lorna ter sentimentos de raiva, assim como de vulnerabilidade. É o que acontece à maioria daqueles que sofrem por traumas ocultos. Muitas vezes é necessário ter a habilidade de um detetive para revelar nossa volatilidade e vulnerabilidade. Lorna trabalhou a frase "Se eu me permitisse admiti-lo, sinto-me zangada porque..." Chocada e surpresa, viu que havia mais do que vinte anotações nesse inventário aleatório. Sentia-se zangada por muitas coisas, grandes e pequenas. Embora nunca se considerasse uma pessoa zangada, ela o era, com certeza. Do meu posto na frente da sala de aula, observei o progresso de Lorna, uma semana de cada vez.

"Sinto que estou emperrada", disse-me Lorna, mas ela não estava mais emperrada. De página em página, de meio quilo em meio quilo, sua raiva começou a dissolver-se. "Não sei quem eu sou!", ela bradou certa noite. Eu consegui entender sua confusão. Ao meu olhar de observadora, ela havia diminuído vários números o tamanho de seus vestidos. Além disso, ela havia se matriculado em uma escola de dança de salão — uma incursão a um mundo alegre, cheio de paqueras, que há muito tempo adiara.

Outra aluna, Mary Elizabeth, sofria com sentimentos indefinidos de terror, que tentava bloquear com a comida. Os quilos aumentavam, e assim também os seus medos.

Quando iniciou sua recuperação criativa, era quase agorafóbica — temia aventurar-se no que lhe parecia ser um mundo hostil.

"Não sei o que há comigo", queixava-se Mary Elizabeth.

Depois de um mês escrevendo as Páginas Matinais, ela soube o que havia. Lembranças de avanços sexuais feitos pelo seu meio-irmão vieram à sua mente.

"Eu achava que Billy era um assunto resolvido, e também o fato de ele ser um tirano. Mas ele era mais do que tirano, era um predador."

"Nem todo mundo é predador", garanti a Mary Elizabeth. Em suas Páginas Matinais e nos encontros culinários, ela descobria um mundo bondoso, até então inexplorado. "Estou começando a sentir algum otimismo", relatou-me.

"Você ainda pode precisar de uma terapia", aconselhei.

Corajosa e de mente aberta, Mary Elizabeth iniciou a terapia com um terapeuta inovador que reconhecia o valor de escrever como ferramenta terapêutica.

"Estou me sentindo mais leve e com o coração mais aliviado", foi o último comunicado que recebi de Mary Elizabeth. Ela havia encontrado um canal para sua grande criatividade: escrever livros infantis.

"Gosto muito do que faço", contou-me.

Para muitos de nós, as Páginas Matinais são a chave para fazermos nossas vidas passarem de reativas a criativas. Não mais vítimas passivas de traumas indesejados, percebemos que somos capazes de criar cenários saudáveis em nossas próprias vidas. E alguém ainda se espanta com o fato de emagrecermos à medida que desvanece nossa necessidade de usar armadura?

TAREFA

Escrevendo da maneira certa

Prepare um ambiente que lhe pareça seguro e aconchegante — com uma cadeira familiar, música suave. A seguir, pegue a caneta e examine gentilmente as profundezas de sua mente. Complete esta frase: "Se eu me permitisse admiti-lo, sinto-me traumatizada porque __________." Faça isso dez vezes. Respostas inesperadas de todos os tipos poderão vir à mente. "Sinto-me traumatizada porque fui mandada para o colégio interno." "Sinto-me traumatizada porque Dan me forçou a fazer sexo com ele no último ano de colégio." "Sinto-me traumatizada porque minha mãe teve gêmeos e não teve mais tempo para mim."

Mesmo que você se considere bem ajustada, não se surpreenda se encontrar uma lista de traumas. Se você considera a palavra "trauma" dramática demais, tente usar outra, mais simples. "Ainda estou zangada porque _____________." Sua lista talvez saia maior do que você imagina.

Você pode se sentir um pouco como a princesa da história de Hans Christian Andersen *A Princesa e a Ervilha*, traumatizada e incomodada por situações aparentemente sem a menor importância. Você pode ainda sofrer por causa de ofensas que recebeu na escola primária. O que a irmã Ann Rite lhe disse na quarta série ainda pode estar roendo-lhe por dentro — e você comendo por causa disso. Transferir um trauma do inconsciente para o consciente tem poder de cura. Você perceberá que seu leque de emoções se abrirá. Terá acesso a sentimentos há muito despercebidos. Suas cores são muito mais variadas do que você algum dia imaginou.

Roupa

"O traje faz o homem", diz um velho ditado, mas preferimos pensar que estamos acima disso. Dizemos a nós mesmas que roupas não têm importância e, lenta e gradualmente, vemos encolher nosso guarda-roupa, à medida que menos roupas cabem em nós. Talvez costumássemos vestir tamanho 40 e agora vestimos 46. Isso não é ser realmente "gorda", mas é o suficiente para que nossas roupas tamanho 40 não nos sirvam mais.

Desencorajadas e arrasadas, temos medo de sair às compras. Não queremos investir em roupas de tamanho grande. Não queremos enfrentar a dura realidade dos espelhos das lojas.

"Havia três anos que eu não fazia compras de verdade", relata Andrea, professora de jardim-de-infância. "Eu tinha alguns vestidos pretos sem forma, que eu me convencia de que me faziam parecer mais magra. Usava-os semana após semana. Gosto de cores alegres, mas elas estavam no passado. Eu me vestia como a bruxa de *O Mágico de Oz*. Coitados dos meus alunos!"

Quando Andrea me contou sua história, o que ouvi foi um relato de feminilidade destruída. Seus trajes pretos sem forma eram severos e a enfeavam. Eram depressivos, e, claro, Andrea estava deprimida. Insisti com ela para que fosse fazer algumas compras. Um vestido pelo menos já seria um avanço. Precisei ser insistente, mas finalmente Andrea resolveu tentar.

"Encontrei um conjunto lindo, bege, de saia e túnica", contou Andrea. "Nem conseguia acreditar que me servia, e custava um preço que eu podia pagar. Quando fui com ele para a escola, as crianças tiveram um choque. E meus colegas também. Uma professora me perguntou se eu estava apaixonada."

Precisamos nos apaixonar — por nós mesmas. Devemos vestir roupas bonitas e atraentes, do tipo que usaríamos se estivéssemos de namorado novo. Em vez de nos limitarmos ao preto básico, devemos escolher cores que caiam bem em nós. Precisamos procurar roupas do nosso tamanho.

Janet morava em um elegante bairro nova-iorquino, povoado de butiques adoráveis que vendiam roupas pequenas demais para ela. "Eu me sentia como o Incrível Hulk sempre que entrava em uma delas", lembra Janet. "Nada me servia, e eu via o desprezo no olhar das vendedoras."

Sugeri a Janet que tentasse uma loja especializada em tamanhos grandes. Ela se encolheu, horrorizada. "Não sou tão gorda assim", retrucou. Talvez não, mas seria mais agradável para ela fazer compras em lojas nas quais seu tamanho não fosse um problema, eu lhe disse. Zangada e relutante, Janet decidiu seguir meu conselho.

"Você nem vai acreditar quantas roupas encontrei", ela quase gritou em triunfo depois. "Achei saias, tops, calças compridas, roupa para o jantar dançante do Country Clube! Sou uma nova mulher — obrigada!"

Não é preciso muita coisa para fazer uma grande diferença. Se seu guarda-roupa encolheu e somente um ou dois trajes ainda lhe servem, uma ou duas roupas novas vão dobrar o número de roupas usáveis que você possui. Ao perceber isso, Isadora lembrou-se de que, na juventude, costurava para um grupo de voluntários e decidiu voltar a costurar.

"Foi muito divertido sair para comprar tecidos e levei apenas uma tarde para fazer minha primeira peça de roupa", disse ela toda alvoroçada. "Ficou bonito. Caía bem em mim. E saiu barato em comparação ao preço de roupas prontas. Senti-me como quem acaba de ser libertada da prisão. Fiz, logo em seguida, mais dois trajes para mim e senti-me como uma página de figurino. Para não falar no quanto me diverti. Eu havia esquecido o quanto gosto de costurar."

Nem todas nós sabemos costurar e nem todas sentimos o desejo de saber. Outra opção é pedir ajuda a uma boa costureira. Muitas vezes um vestido feito por encomenda sai mais barato do que um comprado pronto. E muitas vezes nos deixa mais bonita, porque podemos escolher o tecido e as cores do nosso agrado.

"Não parece grande coisa", relata Andrea, "mas mandei fazer uma roupa azul-marinho. Ainda era uma cor escura, mas era bonita e não era preta. Isso fez toda a diferença".

Uma costureira sabe quais são os modelos que favorecem o corpo da cliente. Pode sugerir um modelo que destaca uma cintura fina ou um busto bem delineado. Para quem está acostumada a vestir trajes que parecem sacos de batata sem forma, um vestido bem cortado pode causar um choque no sistema. Você ainda pode estar gorda, mas já não se sente tão assexuada e sem atrativos. Você adquire um aspecto feminino, e é isso que atrai.

"Vista para o papel", dizem-nos, e vale a pena ponderar um pouco esse conselho. Nossas roupas são adequadas para quais papéis? O papel de esposa? Mãe? Amante? Trabalhadora? Vestidas em roupas que demonstram baixa auto-estima, muitas vezes nos vestimos como mártires. Nossas roupas apregoam nossa auto-imagem desvalorizada, e, inconscientemente, as pessoas podem nos tratar de acordo com ela. Em vez de nos vestirmos para o sucesso, sem o perceber nos vestimos para o fracasso.

"Com aquelas roupas pretas e sem forma, eu parecia saída da peça *Marat-Sade*", exclama Andrea. "Minhas roupas praticamente proclamavam: 'Usem-me! Abusem de mim!' E era o que as pessoas faziam."

"Mas Julia, não se espera que a transformação venha de dentro?", perguntam-me algumas vezes.

Sim e não. A mudança começa no interior, mas, à medida que trabalhamos nossa mudança, começamos a fazer escolhas diferentes.

Podemos preferir nos expor. Já não precisamos nos esconder atrás das roupas. Como se fôssemos pais amorosos de um filho negligenciado, descobrimos que uma roupa especial sinaliza "Eu amo você". Essa mensagem precisa ser assimilada primeiro por nós mesmas. Só então é que será percebida pelo mundo como um todo.

TAREFA

Vista-se de acordo

Sente-se em uma cadeira confortável. Pegue a caneta. Pergunte a si mesma: "Que papéis eu represento? Minhas roupas são apropriadas para o papel?" Tome nota. Anote quais roupas você possui que servem para esse personagem. Talvez você escreva "amante", mas não possui qualquer traje romântico para poder desempenhar o papel. Ou talvez escreva "professora", mas não possui nada bem cuidado e bem-feito. Você talvez possua roupas de "mãe", mas nenhum traje esportivo. Talvez você possua um só tipo de roupa que usa para todos os papéis.

Agora abra o armário. Faça um inventário por escrito do que ele contém. Há alguma roupa da qual você já tinha até se esquecido, mas pode voltar a ser usada com pequenas modificações? Às vezes é possível alargar uma cintura em alguns centímetros. É possível alargar uma roupa para acomodar seus novos quadris mais amplos. Às vezes falta apenas um botão ou colchete. Faça uma pilha de roupas para consertar. Faça uma pilha de roupas que precisam de reforma. Faça uma lista dos itens que realmente fazem falta e precisam ser comprados.

Prepare uma xícara de chá. Você merece.

Espelhos

Para a maioria dos que fazem dieta, espelhos são algo sério. Mas Lisa gosta de fazer brincadeiras. "Espelho, espelho meu, existe alguém mais assustadora do que eu?" Como muitas de nós, Lisa acredita que existem espelhos "bons", e que os espelhos "maus" são infinitamente mais assustadores.

"Quando comecei, estava 9 quilos acima do meu peso. Isso era o que me dizia a balança, o que dizia o meu bom senso, o que me dizia a nutricionista. Meu espelho assustador dizia-me algo mais. Eu não estava apenas acima do peso. Eu estava grotescamente obesa. Eu estava feia, horrível, um monstro. Todas as vezes que me olhava no espelho, via e acreditava no pior. Dietas seriam inúteis para mim, eu já havia passado muito do ponto."

Quando Lisa me falou nesse seu espelho assustador, sugeri que se livrasse dele. Isso lhe pareceu uma heresia. O espelho não deveria ser um amigo do tipo durão? Não seria bom ela saber da "verdade"? Expliquei-lhe que existem espelhos bons e espelhos maus, e que usar um mau espelho não lhe faria bem. Assim mesmo, Lisa achava difícil jogar fora o espelho. Sugeri-lhe deixá-lo na entrada do prédio, para que alguém o pegasse.

"Use-o, o risco é todo seu", ela escreveu em uma nota que deixou junto com o espelho. Saiu à procura de um espelho "bom" e surpreendeu-se ao encontrar um que se encaixava facilmente no seu orçamento. "Meu espelho bom é otimista", diz Lisa. "Fico com um aspecto melhor do que o que penso que tenho, e isso funciona como incentivo à dieta, já que quero ficar melhor ainda."

As pessoas que encaram a dieta de maneira fascista podem dizer que um espelho bom é uma ferramenta para "trapacear". Eu diria que um espelho bom é encorajador, pois nos oferece uma visão do futuro, contanto que venhamos a aderir firmemente aos nossos propósitos.

Assim como Lisa, Maggie conviveu por muito tempo com um espelho "mau". Era daqueles que têm uma ondulação estranha, e essa ondulação batia exatamente na linha dos quadris, exatamente onde Maggie também tinha ondulações. Avaliado no espelho mau, o corpo de Maggie seria sempre irrecuperável. Roupa alguma caía bem nela. Nenhuma lhe conferia uma aparência mais magra. Muitas vezes, Maggie saía diretamente da frente do espelho para a geladeira, pensando: "Ai, ai, de que adianta controlar a alimentação?" Assim como Lisa, Maggie precisava de um espelho novo para poder olhar-se com olhos esperançosos. Ao contrário de Lisa, Maggie não tinha coragem de jogar fora o espelho ofensivo. Felizmente ela encomendou uma pintura no apartamento, e um dos pintores quebrou o espelho. Maggie surpreendeu-se ao ver que vivia bem melhor sem ele. Quando o pintor se ofereceu para substituí-lo, ela quase disse não. Depois pensou: "Talvez a Julia tenha razão, talvez fosse mesmo um espelho mau. Acho que vou arranjar um espelho bom para pôr no lugar dele."

É muito fácil encontrar bons espelhos. Há espelhos de corpo inteiro na maioria das lojas de artigos para o lar, e uma boa olhada será suficiente para saber se é um amigo ou um inimigo.

Maggie precisou ir a três lojas até encontrar um espelho que parecia amistoso. Quando encontrou, comprou dois — um para o quarto de vestir e um para o hall de entrada, para dar uma conferida final antes de sair de casa.

"Um bom espelho é um verdadeiro aliado. Ainda tenho quadris grandes, mas não sou grotesca. E, como perdi alguns quilos, meus espelhos ficaram ainda mais bondosos."

Alguns de nós já tentaram viver sem espelhos. Para a maioria, entretanto, isso exige mais fé do que somos capazes de sentir. É como viver sem uma balança; viver sem um espelho parece radical demais. Do mesmo modo que a balança nos dá uma idéia aproximada do nosso peso verdadeiro, um espelho nos dá uma idéia aproximada de nossa imagem real, e essa imagem muda. Lisa descobriu que, depois de se livrar do seu espelho malvado, passou a levar mais tempo diante do espelho amigo. Começou a experimentar novos modos de se arrumar, abandonando as roupas disformes em preto básico, que eram sua marca registrada. Com a ajuda de um alfaiate que vinha à sua casa e trabalhava para ela diante do espelho amigo, Lisa criou vários modelos que melhoravam sua aparência. "Ainda estou acima do peso", ela explica, "mas tenho uma cintura fina e, com as roupas certas, posso usufruir disso". Ao invés de desagradavelmente gordinha, Lisa passou a se ver como cheia de curvas. Essa mudança de atitude foi um presente do seu novo espelho.

Para Darlene, que havia passado muitos anos sem um espelho, a idéia de procurar um espelho amigo parecia ameaçadora e difícil. Insisti com ela para tentar nas lojas perto de sua casa e, logo na segunda loja, ela encontrou um espelho com o qual achou que gostaria de conviver. "É uma mudança e tanto viver com a opinião de um espelho", comentou Darlene. "Antes eu diria que a ignorância é uma bênção, mas agora sei que o conhecimento tem poder. Sei qual é minha aparência e como minhas roupas caem em mim. Não é tão ruim quanto eu pensava nem tão bom quanto eu gostaria, mas penso em meu espelho como um guia que me ajuda a caminhar na direção certa."

A atitude de Darlene é a atitude de quem se ama. Busca o progresso, e não a perfeição. Para ela, como para muitas de nós, um espelho amigo é um verdadeiro aliado, uma fonte amorosa de autoconhecimento e apoio.

O uso diário do espelho é, para muitas de nós, como tomar uma dose saudável de verdade. Vemos em que ponto estamos e o que precisa ser mudado. Para algumas de nós, nossos espelhos são uma ferramenta de defesa eficiente contra os espelhos maus que encontramos muitas vezes quando vamos às compras.

"O que há de errado com os donos de lojas?", quer saber Maggie. "Eles venderiam muito mais roupas se seus espelhos fossem um pouco mais gentis." Isso é verdade, muitas vezes um espelho de loja é um mau espelho — daqueles que fazem até a mais magra entre nós se sentir uma balofa.

Carol veste tamanho 38. Ao vê-la, ela nos parece esbelta, até mesmo magra. Em um espelho mau, entretanto, Carol localiza pneus imaginários e diz a si mesma que precisa emagrecer mais 4 quilos e baixar seu manequim para 36. Eu disse a Carol que deixasse de lado essa bobagem, e que ela devia procurar um espelho para a casa dela que não distorcesse sua linda imagem.

"Mas é simples assim?", ela perguntou. "Sair à procura de um espelho até gostar do que vejo?"

"Isso mesmo."

TAREFA

Espelho, espelho meu

A maioria de nós convive com múltiplos espelhos — alguns bons, outros nem tanto. Podemos ter um espelho bom de maquiagem que usamos rotineiramente. Pegue sua caneta e seu diário e vá de espelho em espelho em seu ambiente, e anote cuidadosamente o que vê em cada encontro. Talvez você descubra cinco espelhos bons e um espelho mau. Mas o que você busca é objetividade amigável, um espelho que possa usar sem estremecer. Você nem sempre poderá se livrar de todos os espelhos maus com os quais convive. Nesse caso, é importante comprar um espelho bom. Vá à loja mais próxima e procure um espelho que diga "gosto de você" quando você se fitar nele.

Sobremesa

"Não me incomodo em fazer dieta, só odeio abrir mão da sobremesa", exclama Annie — porta-voz de todos nós. Podemos enfrentar o desgosto das proteínas magras e a privação dos carboidratos. Podemos até aprender a gostar de comida simples e saudável. Mas podemos abrir realmente mão da sobremesa? Para a maioria de nós, a resposta honesta é não, e temos que criar um plano alimentar que inclua algum tipo de sobremesa.

Se você abandonou o uso de açúcar refinado, a fruta se torna uma fonte muito potente de doçura. Encerrar uma refeição com uma tigela de morangos frescos, picados e polvilhados com adoçante em pó, satisfaz o desejo por algo doce. Alison descobriu que morangos congelados batidos no liquidificador com um terço de xícara de ricota e adoçante produziam um creme delicioso, uma sobremesa tão satisfatória quanto uma taça de sorvete — talvez mais satisfatória porque não gerava culpa.

A nutricionista Sara Ryba adverte seus clientes de que a abstenção de açúcar pode, inicialmente, gerar um desconforto que dura de três a cinco dias. "Depois seu paladar se altera", ela promete. "Você já não sentirá tanto desejo por açúcar como anteriormente."

Ao utilizar o diário para explorar os sentimentos, muita gente descobre que existe uma ligação direta entre os sentimentos de solidão e carência amorosa e o desejo por açúcar.

"Açúcar — especialmente chocolate — era meu modo de dizer a mim mesma 'eu te amo'", confessa Rhoda. "Eu não acreditava na promessa feita pela nutricionista de que eu ficaria livre de desejos intensos por certos alimentos, mas descobri que depois de cinco dias me alimentando de forma simples e saudável meu paladar realmente mudou. Frutas passaram a ser uma sobremesa satisfatória, e meu plano alimentar me permitia duas porções de fruta por dia."

"Não sinto saudades do inchaço", brinca Suzanne, que parecia alguns quilos mais magra com apenas uma semana de recuperação. O inchaço, é claro, se devia ao açúcar, e a dieta simples e saudável, aliada a um intenso consumo de água, agia como se lavasse e eliminasse o inchaço do sistema.

"Eu tenho maxilares!", Suzanne alardeava. "E mal posso esperar até ter os ossos da bacia de volta também." Para satisfazer seu desejo por doces, Suzanne adotou a gelatina diet e o melão-cantalupo. Para sua surpresa, não sentiu falta de seus baratos de açúcar. Assim como acontece a muitos de nós, esses baratos de açúcar eram seguidos por rebordosas, quando a taxa de açúcar baixava, em uma montanha-russa de emoções conflitantes.

Um dos primeiros efeitos da retirada do açúcar é o equilíbrio do temperamento. O açúcar é, aliás, um estimulante que deixa freqüentemente as emoções a ponto de explodir. É mais fácil para nosso organismo metabolizar os açúcares naturais, contidos nas frutas, que não fazem disparar nossas emoções.

"Eu pensava que a raiva era um dos meus problemas", diz Bernadette. "Mas o meu problema era mesmo o açúcar." Suspender o açúcar deu a Bernadette uma inesperada e bem-vinda estabilidade. Ela já não perdia as estribeiras, o que antes a fazia gritar com o marido e os filhos em brigas "justificadas".

"Uma mulher me perguntou se eu havia passado por uma experiência espiritual", conta Bernadette. "Foi quando percebi o quanto a mudança havia sido radical."

Frutas congeladas batidas no liquidificador se transformam num verdadeiro sorvete. Como eu já disse, frutas congeladas com ricota e adoçante são um ótimo substituto para o sorvete, e até contém proteína, como um bônus. Frutas frescas — fatiadas, descascadas ou picadas, com um pouco de canela e adoçante — são uma verdadeira iguaria.

"Nem posso acreditar que abandonei o vício dos biscoitos", contou-me Katherine. Sua voz soava alegre e aliviada. Quase todos nós nos sentimos alegres e aliviados quando percebemos que podemos ser felizes e saudáveis sem açúcar refinado.

"Meu caso não se resumia a gostar de doces", diz Mary Elizabeth, "eu era louca por eles". Escrever um diário ensinou a Mary Elizabeth que seu consumo de açúcar estava diretamente ligado à sua raiva. "Se alguém me machucasse, eu me machucava", ela relata. Um mês depois de começar as Páginas Matinais, foi capaz de expressar sua raiva de forma mais apropriada. Aprendi a dizer: 'Ai, você me machucou', em vez de dizer: 'Me passa o sorvete, por favor?'"

Mais autenticidade emocional, maior fluidez e auto-expressão, aumento da auto-estima e autovalorização — são benefícios conseqüentes à retirada do açúcar. Será que mencionei a perda de peso? Abolir o açúcar dá a partida no emagrecimento. A vida é mais doce sem doces.

TAREFA

Sobremesas merecidas

Pegue a caneta. Faça uma lista de um a sete. Crie sete sobremesas que não levam açúcar. Delicie-se com uma delas a cada dia. Observação: não é preciso que sejam sobremesas complicadas. Use a imaginação. Você pode preferir um refrigerante diet depois do jantar. Já é uma sobremesa. Você pode optar por assar uma maçã, um pêssego ou uma ameixa no microondas. Polvilhe adoçante em pó e será quase como uma torta de frutas.

A graça divina

"Estou tão feia que nem pareço filha de Deus", alguém poderia dizer ao se ver gorda e tensa no espelho.

"Graças a Deus eu não sou assim", poderíamos dizer ao passar por alguém grotescamente acima do peso.

Em ambos os casos, não acreditamos literalmente que Deus tenha algo a ver com isso. É apenas um modo de falar, dizemos para nós mesmos — mas será que é apenas isso? Podemos ter fé em Deus, mas dificilmente acreditamos que Deus pode e vai nos ajudar a perder peso. Em vez de acreditar no poder da graça, acreditamos em algo dúbio: nossa força de vontade. Quando falha a força de vontade, raramente nos lembramos de recorrer a Deus em busca de ajuda espiritual.

"Não sei nenhuma oração para emagrecer", costumava dizer Gillian. Durante anos ela foi irremediavelmente gorda, apesar de tentar todas as dietas de que ouvia falar. Vendo Gillian como ela é hoje, é difícil acreditar que um dia foi gorda. Ela é magra, delicada e serena. Gillian perdeu peso e encontrou um poder superior.

"Perdi peso logo no primeiro mês, depois que incluí Deus em meu programa de emagrecimento", diz Gillian. "Já havia tentado muitos outros métodos. Nunca me havia ocorrido 'tentar Deus' —

não até estar genuinamente desesperada. Uma amiga minha havia se tornado sóbria nos Alcoólicos Anônimos. Eu sabia que era um programa que se baseava na espiritualidade. Ela me sugeriu tentar uma solução espiritual e pensei: 'Por que não?'"

Por que não mesmo? Sugeri a Gillian que utilizasse suas Páginas Matinais como uma ocasião para recorrer a Deus em busca de ajuda para enfrentar o dia que teria pela frente. "Tente mudar o rumo do seu dia", sugeri. "Relaxe e dê uma oportunidade a Deus."

A mente de Gillian era suficientemente aberta para tentar uma solução espiritual. Usou as Páginas Matinais para orar, pedindo ajuda para o dia que teria pela frente. "Ajude-me a me alimentar de forma simples e saudável", era sua oração. "Ajude-me a utilizar a comida para os fins apropriados. Por favor, conceda-me sobriedade emocional. Ajude-me a não perder o controle."

Gillian utilizava o diário para escrever orações, várias vezes por dia. Quando um ataque às guloseimas era iminente, pedia a graça divina para vencer o desejo. E, à medida que orava, começou a sentir que um novo poder fluía dentro de si. Ela havia descoberto um recurso interior que aos poucos passou a chamar de Deus.

"Senti que gostaria de encontrar pessoas que pensavam do mesmo modo", diz Gillian. "Uma amiga — aquela que agora era sóbria — sugeriu os Comedores Compulsivos Anônimos. Descobri duas reuniões semanais, das quais gostei muito. Tínhamos um problema em comum e participávamos de uma solução comum."

Adrienne, uma amiga de Gillian, também gorda, relutava em aceitar a idéia de uma solução espiritual. "Não achava que Deus ia perder tempo comigo", ela confessa. "Achava que Deus tinha coisas mais importantes a fazer; não se importaria se eu vestisse tamanho 46 ou não."

Insisti com Adrienne que fizesse uma tentativa com Deus em mente. Se o olho de Deus vela pelos pardais, quem sabe não se preocuparia também com o tamanho que ela vestia?

"Tudo bem!", explodiu Adrienne. Pegou o caderno e passou a "entregar-se nas mãos de Deus" todas as manhãs. E anunciou, duas semanas depois de começar essa prática: "Tem alguma coisa dando certo." Tinha deixado de comer em excesso.

Achei que a "alguma coisa dando certo" era Deus. Adrienne continuou sendo agnóstica, mas rezava todas as manhãs "por segurança". Cada vez mais punha em prática a alimentação simples e saudável e seu peso diminuiu. Inicialmente ela vestia tamanho 50. Passou a usar tamanho 48 e, por fim, para incredulidade sua, 46. "Talvez Deus esteja do meu lado", ela brincou.

Para os membros dos Comedores Compulsivos Anônimos, Deus não é assunto para brincadeira. Experimentaram a solução espiritual e sabem que deu certo para eles. E dá certo para muita gente que não está afiliada formalmente, embora, como descobriu Gillian, um forte vínculo se crie entre os que pensam da mesma forma.

TAREFA

Tente a solução espiritual

Pegue a caneta. Deixe o ceticismo de lado e escreva uma carta para Deus pedindo sua ajuda para solucionar o problema do peso. Seja específico e detalhista sobre o quanto seus maus hábitos alimentares lhe fazem mal. Peça orientação e graça divina. Peça força e coragem. E um pouco de bom humor também.

Afirmações

"Uma afirmação é uma declaração positiva de que alguma coisa é como é", declara o líder espiritual Shakti Gawain. Para ouvidos não acostumados, uma afirmação é uma declaração positiva de crença que pode soar um tanto positiva demais para os céticos.

É surpreendentemente difícil pensar e falar de modo afirmativo a respeito do nosso peso. Toda vez que tentamos fazer uma declaração positiva, mesmo a mais inocente, somos atacados por urros de descrença vindos do nosso inconsciente. Essas objeções são muito venenosas e precisam ser desmontadas de forma consciente. Vamos tentar uma afirmação simples: "Meu corpo é esbelto, está em boa forma e é belo." Que objeções você ouve? Talvez: "Meu corpo é gordo, flácido e feio." Geralmente as objeções que descobrimos são altamente negativas e revelam ódio a si mesmo. Tente outra vez.

"Meu corpo é esbelto, está em boa forma e é belo." O que você ouve agora? Pode ser uma resposta sarcástica do tipo: "Bom, não de uns tempos para cá." Geralmente nossas objeções têm um tom sarcástico. A essa altura é bom lembrar que, em grego, sarcasmo significa "cortar ou arrancar a própria carne". Quando trabalhamos com afirmações, trabalhamos com o poder de nossa mente inconsciente. É uma tentativa de fazer nosso consciente e nosso inconsciente concordarem. Esforçamo-nos para ser positivos, e, quando aflora o negativo, é preciso arrancá-lo como ervas daninhas do jardim.

É preciso uma certa coragem para trabalhar com afirmações. É preciso estar disposto a manter-se firme diante das objeções e da amargura do nosso inconsciente.

"Eu pensava que afirmações eram bobagens para quem acredita em fadas", diz Veronica. "Na melhor das hipóteses, era simplesmente doce ilusão. Na pior, eram delírios. Foi assim, até que resolvi tentar praticá-las durante trinta dias. As mudanças foram inacreditáveis." Em seu diário, Veronica escrevia: "Meu corpo é esbelto, está em boa forma e é belo", apesar de estar usando na época roupas quatro tamanhos acima do ideal. Embora seu corpo estivesse flácido, escrevia. Escrevia, mesmo não gostando da imagem que via ao se olhar no espelho. Mas, escrevendo diariamente essas afirmações, Veronica pressentiu seu poder. Começou a comer menos. Passou a se exercitar mais. Até sua postura — um problema antigo — melhorou.

A hora ideal para trabalhar com afirmações é pela manhã, logo após as Páginas Matinais. Caneta à mão, registramos nosso sonho no papel: "Meu corpo é esbelto, está em boa forma e é belo." Escutamos nossas feias objeções, que sobem rugindo à superfície de nossa mente. Ignoramos seu feio conteúdo. Tornamos a insistir no positivo: "Meu corpo é esbelto, está em boa forma e é belo." Muitos de nós acreditamos que existe uma afirmação em especial que representa nossos sonhos transformados em realidade. Afirmações podem refletir nossas aspirações altamente individuais.

"Minha cintura é fina e tenho um corpo tipo violão."

"Sou magra, sarada e vigorosa."

"Roupas tamanho 42 me servem muito bem."

"Minhas roupas caem bem em mim e me deixam bonita."

"Meu corpo é esguio e musculoso."

"Meu abdômen é bem definido."

Afirmações são como aqueles aparelhos de barbear que ejetam uma lâmina quando outra é inserida. Inserimos o positivo e ao mesmo tempo ejetamos o negativo. À medida que escrevemos nossas afirmações, nossas objeções perdem o poder de tiranizar nosso pensamento e nosso comportamento.

"Meu corpo é esbelto, está em boa forma e é belo" pode, inicialmente, provocar a indignação do nosso inconsciente. "Você está brincando? Tem se olhado no espelho ultimamente?" Mas, usada repetidamente, essa mesma afirmação tem o efeito de amansar nosso inconsciente. Podemos ouvir: "Bem, pelo menos você está no caminho." Ou então: "Está melhor do que antes." Ou ainda: "Mantenha o regime e essas palavras podem se tornar verdadeiras."

Afirmações podem aparar as garras do Monstro do Espelho.

"Sentia-me uma impostora ao usar as afirmações", diz Judith. "Quem era eu para afirmar que sou magra e linda? Foi então que percebi que as afirmações funcionam segundo as leis espirituais — peça, acredite e receba. Com as afirmações, eu estava na verdade pedindo a cura e acreditando que o poder de Deus tornaria possível essa cura. Percebi que seria apenas uma questão de tempo até que minhas orações fossem atendidas."

Muita gente demonstra uma resistência arraigada quando se tenta trabalhar com afirmações. De repente nos sentimos cansados demais para escrevê-las. É difícil, dá muito trabalho. Registrar essa resistência, preto no branco, no papel, pode ajudar. "Minha resistência em fazer afirmações é..." Complete a frase.

Eis aqui algumas das resistências que ouvimos:

"Isso nunca vai dar certo para mim."

"Não tenho a fé necessária."

"Estou muito distraída."

Para usar essa ferramenta, seria inteligente convocar a ajuda do ouvido atento do confidente. Telefone para esse amigo para discutir suas dúvidas e raivas. E depois redobre os esforços. Afirmações funcionam. São um antídoto poderoso contra nossa própria negatividade, muitas vezes inconsciente.

TAREFA

Afirme o afirmativo

Pegue a caneta. Escolha uma afirmação que reflita seu próprio ideal da boa forma. Escreva cinco vezes essa afirmação, mas com ouvido atento a qualquer objeção que venha à tona. Anote as objeções e converta em positivo tudo que for negativo. Por exemplo:

"Meu corpo é esbelto, está em boa forma e é belo."

"Não por muito tempo, já que você, na certa, vai faltar à sessão de ginástica."

"Eu me exercito regularmente. Levo minha rotina de exercícios a sério e sou constante. Meu peso cai à medida que meu nível de força aumenta. Confio em mim e no meu corpo."

Viver e deixar viver

Muita gente deixa para começar a viver "quando" algo acontecer. Quando for mais magro, quando estiver em forma, quando as roupas voltarem a caber, quando se sentir melhor. Nosso peso nos reduziu à espera. Adiamos a aventura de viver, e depois nos espantamos com nossa tristeza, depressão e desespero. Precisamos parar de esperar.

"Quase não saía mais do meu apartamento", relembra Kathleen. "Sentia-me constrangida por minha aparência, e meu constrangimento me tornava egocêntrica. Imaginava que todos na rua ficariam olhando para mim. Sentia medo de me aventurar a sair."

O caso de Kathleen não é um caso isolado. Muita gente passa tempo demais a sós e dentro de casa. Dizemos a nós mesmos que vamos sair "na primavera", "no próximo mês" ou mesmo "no ano que vem".

"Eu era prisioneira dos meus próprios hábitos", diz Jill. "Eu possuía um espelho muito maldoso logo ao lado da porta da frente. Nem sei dizer quantas vezes me olhei nesse espelho e simplesmente resolvi ficar em casa."

"Eu tinha que sair para o trabalho", relembra Ralph, "mas eu me portava como um hamster em uma roda. Ia direto de casa para o trabalho e direto para casa outra vez. Em torno de mim, a cidade vibrava, cheia de vida e aventuras, mas eu tinha medo de participar. Era gordo demais, dizia a mim mesmo, para ser aceito pelas pessoas. Para ser franco, era eu mesmo que não me aceitava".

Para muitos de nós, nosso primeiro encontro culinário é um passo radical. Libertamo-nos da rígida rotina e nos concedemos o direito a um gosto de aventura. Logo descobrimos que adoramos esses encontros e passamos a desejá-los. Finalmente estamos começando a viver.

"Moro em Manhattan", diz Joan. "Trata-se com certeza da capital americana da aventura. Meus encontros culinários me fizeram sair de casa e percorrer a cidade. No início me senti pouco à vontade, mas aos poucos minhas apreensões foram substituídas por um espírito de ousadia. Aventurei-me em bairros étnicos e provei muitas cozinhas estrangeiras." Joan se interessava por arquitetura e teve a idéia de aliar suas caminhadas ao gosto por arquitetura. Um centro educacional para adultos perto de sua casa promovia passeios arquitetônicos a muitas partes da cidade. Ela se inscreveu para uma série de seis passeios. "Tomara que eu consiga acompanhar as outras pessoas", ela pensou.

Joan conseguiu acompanhar todo mundo — na verdade, viu que seus companheiros de caminhada formavam um grupo alegre e interessante. Começou a caminhar com um homem chamado George, que a convidou para pegar um cineminha no final da semana. Ela disse que sim.

"Eu me dizia que era gorda demais para que alguém se interessasse por mim, mas George parecia me achar interessante, apesar das minhas desconfianças. Aceitei um encontro para ir ao cinema, depois outro para ouvir música ao vivo. Antes mesmo que eu percebesse, eu estava com um namorado."

Não prometo a ninguém que, caso decida sair de casa para uma aventura, vai acabar arranjando um namorado. Mas prometo-lhe que vai acabar se apaixonando — por si mesma. Nada melhor do que uma aventura para levantar a auto-estima.

"Eu vivia a vida através da vida alheia", lembra-se Carolina. "Como eu me isolava, peguei o hábito de criticar todo mundo à minha volta. Nada que os outros faziam estava certo. Encontrava defeitos em tudo e em todos. 'Mamãe, você é tão negativa', reclamou, com razão, minha filha adolescente."

"O lema é 'Viver e deixar viver'", expliquei a Carolina. "Quem não vive o bastante, facilmente não deixará que os outros vivam também." Na linguagem dos 12 passos, aprendemos a "manter o foco em nós mesmos". Em lugar de criticar a vida dos outros, devemos prestar atenção na nossa e, se nossa vida parece vazia, precisamos enchê-la suavemente com aventuras.

"Fui ao bairro das lojas de tecido", exulta Isadora. "Estava cansada de ser gorda e ficar presa em casa. Cansada de não ter roupas que servissem em mim. Sou boa costureira, tudo o que precisava era tirar do armário minha máquina de costura e me tirar de dentro de casa. Uma boa loja de tecidos é como um reino encantado. Um mundo de possibilidades. Mesmo quando só compro uma gabardina azul bem simples, eu paro para acariciar o tafetá berinjela. Sonho um pouco."

Falta a muita gente o dom de sonhar positivamente. Gordos, nos sentimos esmagados de inveja dos que são mais magros, estão mais em forma e levam vidas mais interessantes. Para nosso espanto, vemos que nosso foco está neles — como eles se divertem, a intimidade de que gozam. Queremos viver e deixar viver, mas não sabemos como.

Viver é algo que começa um dia de cada vez. Cada dia é uma tela em branco. Cada dia, em nossas Páginas Matinais, podemos planejar uma pequena aventura, por insignificante que seja. Aventuras se constroem em cima de aventuras. Helen, que vivia quase prisioneira da casa, começou indo até a loja coreana da esquina para comprar flores. A seguir, fez uma outra aventura, ao raiar do dia, no mercado municipal de flores. Lá comprou braçadas de flores a preços de atacado.

"Senti que tinha uma informação privilegiada", Helen diz rindo. "Sem falar que meu apartamento ficou lindo com tantas flores e à luz de velas." Se o apartamento de Helen fica parecendo cenário para um encontro romântico, essa é a maneira correta para descrever o processo de viver e deixar viver. Estamos aprendendo a cortejar a nós mesmos, a romancear com nosso espírito criativo. Basta uma pequena aventura pelos caminhos do amor-próprio para que mais romance aconteça.

TAREFA

Viva!

Pegue a caneta. Faça uma lista de cinco pequenas aventuras que você poderia ousar. Escolha a que lhe parecer mais tentadora. Agora vá executá-la.

Comida saudável é sinônimo de vida saudável

O problema da maioria dos que comem em excesso é que comemos quando não estamos com fome. Comemos quando não precisamos comer. Comemos porque gostamos de comer, e depois nos detestamos porque comemos demais. Isso nos leva a uma pergunta fundamental: o que fazer em vez de comer?

"Eu era do tipo que poderia ser chamado de ruminante", diz Mary Lou. "Desde a hora que acordava até a hora de ir para a cama, eu comia quase que constantemente. As refeições se fundiam aos lanches, que novamente se fundiam às refeições. Quando tentei comer de forma simples e saudável, meu organismo sofreu um choque. Três refeições por dia e mais dois lanches eram muito menos do que eu estava acostumada a consumir. Subitamente me vi pensando em comida e com tempo sobrando. Eu tinha que fazer alguma coisa além de comer. E qual foi a coisa que escolhi? Arrumar tudo."

Muita gente percebe que ao encontrar clareza na questão da alimentação, nossa mente também se torna clara. Sentimos uma necessidade súbita de botar tudo em ordem. "Não preciso disto", nos vemos dizendo ao passar os olhos por nosso quarto. "E não preciso daquilo, nem daquilo, nem daquilo."

"Comecei pelo meu quarto", diz Mary Lou. "Enchi um saco plástico de lixo com tudo que descartei. Foi impressionante o volume de coisas de que eu podia me livrar. Revistas já lidas e revistas que eu jamais leria. Cartas que eu pretendia responder e cartas que eu nunca responderia. O quarto todo era como um ninho de pássaro repleto de papéis e coisinhas. Foi um choque ver o quarto limpo. Devia fazer anos que eu não enxergava o tampo da minha escrivaninha."

Muitos de nós seguimos o exemplo de Mary Lou, e trocamos a comida pela arrumação. Começamos pelo quarto de dormir e chegamos à parte social. Muitas vezes descobrimos camadas de entulho sobre as quais vivíamos.

"Minha cachorrinha, Charlotte, tinha mais de cem brinquedos", confessa Emma. "Muitos desses brinquedos não serviam mais para nada, de tão roídos. Enchi um saco de lixo inteiro e Charlotte continuou com muitos brinquedos."

Para muitos de nós, o desejo de descartar e jogar fora se estende ao armário. Roupas que não usamos e não usaremos mais. Algumas estão fora de moda, algumas simplesmente não ficam bem em nós. E também roupas apertadas demais; porém, se ainda podem ser aproveitadas, nós as guardamos. Outra seção em que muita gente descobre que tem um excesso são os sapatos: sapatos fora de moda, mas que ainda ocupam espaço no armário. Colocamos os sapatos supérfluos em uma sacola, e seu simples volume nos surpreende. De repente nossos armários parecem limpos e magros. As roupas já não ficam emboladas. Há lugar para as novas.

"Depois que me livrei de tudo, percebi os estragos e arranhões nas paredes do apartamento", diz Jennifer. "Por quanto tempo eu havia vivido entre paredes brancas sem graça? Senti falta de alguma cor. Na verdade, de muita cor. 'O que deu em você?', perguntou meu marido", diz Jennifer sorrindo. "Seria o caso de perguntar o que não deu em mim. Quando parei de comer em excesso, prestei atenção no ambiente em que vivia."

Algumas pessoas se desfazem de excessos, outras pintam a casa, outras até trocam os móveis de lugar. Todas passam por esse fenômeno: a comida simples e saudável leva a uma vida mais simples e saudável.

"Meu sofá parecia um elefante no meio da sala", diz Janet. "Depois de escrever as Páginas Matinais durante três semanas, encostei o sofá em uma das paredes. Uma semana depois, acrescentei um tapete novo. Mais uma semana e comecei um regime de exercícios, usando o espaço livre como uma espécie de academia."

Você pode se surpreender com a vontade de praticar exercícios. Quando você deixa de comer em excesso e passa a comer de forma simples e saudável, verá que seu organismo queima combustível com maior eficiência. Não se sente mais lerdo e de ressaca pela manhã. O meio da tarde chega e você está cheio de energia, em vez de estar precisando de um cochilo. À medida que passa de um cômodo da casa a outro, suas novas energias encontram novos focos de atenção. Você tem tempo para consertar as capas das almofadas. Acha tempo para esfregar os batentes encardidos das portas. Encontra tempo até para separar e organizar sua estante de livros. Mais uma vez você ficará espantado pela quantidade do que pode ser jogado fora.

"Organizei um bom bazar de pechinchas", gaba-se Erin. "Ganhei dinheiro com coisas que não queria mais. Minha meta era ganhar o suficiente para comprar um tapete novo para a sala. Eu queria praticar ioga."

Erin conseguiu o tapete e se tornou viciada — felizmente — em vídeos de ioga. Com a comida simples e saudável, com os exercícios diários, perdeu 9 quilos e, mais importante ainda, centímetros.

"Nada me serve mais", ela diz rindo. "Ou, para falar de outra forma, tudo me serve. Passei a ficar bem em modelos que nunca pensei que ousaria usar."

Alimentação simples e saudável pode levar a uma transformação, primeiro no espaço que você habita, a seguir em sua vida.

TAREFA

Simplifique as coisas

Pegue a caneta. Faça uma lista de um a cinco. Coloque cinco áreas de sua casa que ficariam com melhor aspecto se você dedicasse tempo e atenção a elas. Organização é uma virtude. Arrume alguma coisa.

Faça uma outra coisa

Embora raramente o admitam, para muita gente a comida é a grande obsessão. Estamos sempre comendo, ou a ponto de comer, ou acabando de comer. Comida serve de alimento a nossos pensamentos. Planejamos manjares especiais para nós mesmos, embora esses manjares nem sempre nos façam bem. De uma forma ou de outra, a comida está sempre presente em nossos pensamentos. Alguns contam pontos nos Vigilantes do Peso. Outros contam as calorias. Mas contamos com uma certeza: a de que vamos comer em excesso.

"Comida simples e saudável se torna um hábito, graças a Deus", diz Jaime. "Levei uma semana para adquirir o hábito, mas, depois disso, nunca quis voltar atrás."

Comer de forma simples e saudável e comer de acordo com uma estrutura. Um dos primeiros resultados dessa forma de alimentação é o tempo. Não passamos mais nosso tempo às voltas com comida. Sabemos o que vamos comer e quando vamos comer. E a mente fica livre para pensar em outras coisas. Então precisamos saber o que fazer com o tempo.

"Finalmente comecei a escrever meu romance", diz Rosemary, que havia anos sonhava se tornar escritora. "De repente passei a ter tempo. Quando parei de pensar em comida, comecei a pensar em outras coisas — e outros personagens além de mim mesma."

Lizzie, uma artista plástica, dedicou-se à escultura como meio de comemorar. "Era Natal, e, em vez de assar biscoitos de Natal, fiz uma rena de mais de 4 metros de altura. Uma amiga minha mencionou a rena ao presidente do nosso banco, que veio ver a obra e a comprou imediatamente para o seu saguão. Agora estou trabalhando para o Dia dos Namorados."

Nossa recém-liberada criatividade pode nos levar a aventuras emocionantes. Alguns de nós se dedicam à arte, outros ao artesanato. Outros se voltam para novas aventuras na cozinha. Livres da dependência da comida como consolo, criamos refeições permitidas e satisfatórias. As livrarias estão cheias de livros de culinária que contêm receitas de baixa caloria, sendo que a maioria é deliciosa. Fazemos uma caçarola de cozido de legumes. Fazemos muitas coisas.

Depois de ultrapassar a marca de três semanas, depois de arrumar sua casa girando como um dervixe, minha amiga Alice começou a escrever um livro para crianças. Não querendo ser deixada para trás, resolvi arrumar a minha casa também. E fui parar na cozinha e comecei a picar legumes. Minha nova obsessão passou a ser uma sopa de legumes perfeita.

Ocupados com novos projetos criativos, quem vai querer perder tempo se empanturrando de comida? Robert, antes gorducho, mas agora cheio de energia, fez um teste para um musical — e conseguiu o papel. Ao longo dos ensaios, perdeu mais 4 quilos.

Seja preparando uma panela de sopa ou imaginando enredos para romances, muita gente passa a ferver com tanta criatividade. Inesperadamente temos tempo e vontade para todo tipo de projetos. Desenhamos nossos cartões de Natal e do Dia dos Namorados. Nossos filhos percebem que têm em nós colaboradores dispostos a ajudá-los em trabalhos especiais para a escola. Inesperadamente temos tempo para fazer o monstro de papel machê, o mapa em relevo do nosso estado. Fantasias para o halloween? Sem problemas.

Livres da compulsão por comida, o mundo à nossa volta se torna um lugar novo e mais vívido. "Será que sempre foi tão lindo?", nos perguntamos. Começamos a desenhar, pintar e fotografar com uma energia espantosa. O mundo está repleto de beleza, e somos cidadãos desse mundo. Quando não estamos mais presos dentro do limite estreito da comida, nosso mundo se expande. Assinamos novas revistas e entramos para sociedades de amigos de museus. Freqüentamos galerias de arte e visitamos jardins. Há tantas coisas para fazer além de comer.

"Não ganhei apenas um novo corpo, ganhei uma vida nova", diz Claire.

Muitos sentem que ganharam vidas novas. Chegam a pensar que ganharam novas personalidades.

"Sou a mulher que sempre quis ser", diz Alison. "Estou saudável, em forma, elegante e me tornei aventureira. Experimentei as ferramentas com ceticismo, mas escrevi minha história de final feliz."

TAREFA

Escreva um final feliz para sua história

Pegue a caneta. Faça um inventário de si mesmo — de como você mudou e o quanto você ainda deseja mudar.

Um dos primeiros resultados da adoção de uma alimentação simples e saudável é uma nova clareza. Quando comemos em excesso, embotamos nossa percepção. Se nos alimentamos de forma saudável, nossa percepção se torna mais aguda. Pegue novamente a caneta. Faça a si mesmo as seguintes perguntas:

1. O que eu preciso saber?
2. O que preciso aceitar?
3. O que preciso mudar?

Faça a pergunta e fique atento à resposta que brotará do seu íntimo. Essas perguntas constituem uma avaliação do momento presente. Tente fazê-las em intervalos regulares.

Epílogo

Mantendo a dianteira

Algumas pessoas mergulham de corpo inteiro nas ferramentas do Escreva e Emagreça. Acham-na agradável e mantêm-se fiéis com relativa facilidade. Outras, inclusive eu, começam a dieta, obtêm resultados, depois se afastam um pouco e têm que recomeçar. Segundo minha própria experiência, começar de novo é a chave do sucesso.

"O que conta é o progresso", diz Marilyn, que recomeçou inúmeras vezes. "Eu ficava tão desencorajada que pensava: 'De que adianta?', e continuava comendo. Dizia para mim mesma coisas como: 'Uma farra alimentar tem que ir até o fim.' Com a ajuda das ferramentas, especialmente do diário, aprendi que posso interromper essas farras e recomeçar a qualquer hora."

A longo prazo, é a perseverança que dá certo. Embora ansiando por um emagrecimento súbito e dramático, do tipo descrito nas revistas, temos que aprender a nos contentar com uma perda lenta e saudável de peso, sobre a qual raramente lemos. Já perdi 4,5 quilos e desejo chegar ao dobro do emagrecimento e, de um grama de cada vez, acredito que chegarei lá. Minhas roupas, que estão ficando largas, me dizem que chegarei lá.

Annette, uma líder dos Vigilantes do Peso, explica sua experiência com essas palavras: "Gosto de ver gente perder meio quilo

— até mesmo 250 gramas — por semana. Pode parecer lento, mas essas perdas vão se somando rapidamente. Quando as pessoas perdem peso rapidamente, elas muitas vezes caem em excessos e recuperam tudo. Tenho que dizer: 'Não, o que dá certo é o método do devagar se vai ao longe.'"

Embora o "devagar se vai ao longe" funcione, às vezes nos esquecemos de praticá-lo. Chega a época das festas e não resistimos a um punhado de biscoitos ou a um pedaço de chocolate com menta. Como agir depois do erro cometido?

"Beba água", diz Annette.

"Beba água", ecoa Sara Ryba.

Envenenados por um excesso, podemos recorrer à água e pegar a caixa de ferramentas para começar tudo outra vez. Podemos usar o diário e fazer um relatório meticuloso do que comemos. Ou recorrer às quatro perguntas. Com a caneta à mão, é difícil continuar agindo mal.

Depois de avaliar o que aconteceu, começar de novo é a chave do sucesso. "Eu precisava aprender a dizer 'opa!'", diz Patricia, "e entrar na linha outra vez. Precisava dizer a mim mesma que um escorregão era apenas um escorregão, e não uma queda catastrófica. Em resumo, precisava aprender a gostar mais de mim mesma e gentilmente colocar-me de volta no caminho certo, o mais rápido possível".

Nossa meta é estabelecer novos hábitos alimentares, e novos hábitos demoram a se enraizar. Pouco a pouco, um dia de cada vez, vamos progredindo. Usamos as quatro perguntas, e, gradualmente, elas se fixam em nosso consciente. Aprendemos a perguntar: "Estou mesmo com fome?" E quando a resposta é não e mesmo assim pressentimos um ataque às guloseimas, aprendemos a ir mais fundo e a nos perguntar não só: "O que eu gostaria de comer?", mas também: "O que está me aborrecendo?" O hábito saudável da introspecção, que estabelecemos com o uso do diário, muitas vezes se estende a todos os aspectos da nossa vida.

"'Você está tão mais calma', comentam as pessoas", é o que diz Paula. E ela está mesmo mais calma. Escrever tornou-se para ela um estilo de vida. Quando tem uma recaída, ela simplesmente começa tudo outra vez. Paula já perdeu 9 quilos e está confiante de que vai perder outros 9 para atingir sua meta. "Precisava aprender a subir outra vez na bicicleta. Eu era tão dramática que, sempre que tinha uma recaída, entrava em uma espiral de emoções. Eu atormentava a vida do meu marido e dos meus filhos."

Fazer drama por causa de uma recaída deixa a pessoa suscetível a recair ainda mais. Um pequeno escorregão — um biscoito de chocolate — leva a um grande escorregão, uma fatia generosa de torta mousse de chocolate. Aprender a dizer "opa" em vez de "que catástrofe" nos incentiva a começar de novo, imediatamente, em vez de permanecer em erro.

Depois que aprendi a recomeçar, fiquei mais ligada à solução do que ao problema. A solução sempre diz: "Comece já." O problema diz sempre: "Espere um pouco." Minhas Páginas Matinais e meu diário sempre me disseram que a hora de começar era imediatamente. Nada de procrastinação. Nada de dizer a mim mesma "um dia desses". Este livro levou um ano para ser escrito, o que equivale a quatro ciclos de criatividade, de 12 semanas cada um. Durante todo esse tempo, eu, como meus alunos, emagrecemos gradualmente. No início era muito difícil. Percebi que minha medicação ralentava meu metabolismo quase ao ponto de parada. Acreditei que, a despeito do que eu comesse — ou não comesse —, eu acumulava mais quilos. No entanto, por sugestão das minhas Páginas Matinais, mantive-me firme em meu programa alimentar, dediquei-me novamente ao meu programa de exercícios, e o estilo de vida do Escreva e Emagreça começou a funcionar de verdade para mim. Gramas deram vez a quilos. O tamanho das roupas era cada vez menor. Comecei usando tamanho 50 e agora uso 44.

No momento em que escrevo, estou mais rechonchuda do que gostaria, mas estou muito mais magra do que antes. Alterei meu modo de encarar a comida. Minha geladeira está cheia de alimentos gostosos e saudáveis. Melhor ainda, minha atitude mudou completamente. Começo todos os dias com a intenção de fazer tudo certo, mas, se falho, começo de novo. Tenho as ferramentas como apoio e meu confidente para me manter na linha. Além de tudo, aumentei meu contato consciente com meu poder superior. Minha intuição aprofundou-se, minha vida espiritual e minha vida criativa são mais satisfatórias. Espero que esta suave revolução possa acontecer a você também.

markgraph

Rua Aguiar Moreira, 386 - Bonsucesso
Tel.: (21) 3868-5802 Fax: (21) 2270-9656
e-mail: markgraph@domain.com.br
Rio de Janeiro - RJ